教育部中等职业教育专业技能课立项教材

U0461969

融媒体
新形态教材

新|编|21|世纪
职|业|教|育
精品教材
电子商务类

新媒体营销

主　编　罗　娜　朱　洪
副主编　李梅芬　李　幸　梁仙梅
　　　　黄春玲

中国人民大学出版社
· 北京 ·

前言

移动互联网的飞速发展，深刻改变了传统市场营销和网络营销的形式。企业搭乘互联网"快车"，步入"新媒体营销"时代，尽享互联网营销"红利"。面对网络经济时代，社会对新媒体营销人才的需求激增，对职业院校提出了教学改革与教材开发的新要求。职业院校需紧跟时代步伐，培养创新人才，以响应党的二十大关于建设教育强国的号召。

本教材坚持理实一体化，对教材进行了内容、架构、资源等方面的变革和创新。编者依据探究性学习理念，聚焦职业素养，融合信息化技术，以学生为中心，以能力为本位，以职业实践为立足点，以典型工作任务为主线，按项目编写教材，从新媒体营销概述、营销策略、微博营销、微信营销、视频营销及其他新媒体营销等方面，对新媒体营销进行了详细介绍。

本教材用理论指导实践，用实践巩固理论，并配以相应的课堂讨论及实训探究，巩固学生的学习成果。本教材具有以下特色：

1. 内容鲜活易懂：本教材结构清晰、内容由简到难，注重理论与实践相结合，采用通俗易懂的文字、新鲜丰富的案例、贴近岗位的实训，引导学生在学习探究中构建知识体系，掌握实操技能，养成职业素养。

2. 案例丰富实用：本教材在基础理论讲解之外，还介绍了多个新媒体平台和多个行业的典型案例，并对案例进行了细致的分析和阐述。案例新颖、平台广泛，有助于加深学生对新媒体营销的理解，开阔学生的视野。

3. 实训贴近岗位：本教材在设计实训任务时紧密结合典型工作任务，高度贴合岗位工作流程，在注重系统性和全面性的基础上，更注重具体方法、技巧的操作步骤，提高学生的新媒体营销能力，使其能够更好地学以致用。

4. 价值引领润物无声：本教材在各个项目开篇的"学习目标"及末尾的"匠心荟萃"栏目都巧妙融入了价值引领元素，明确了素质培养目标，前后呼应，层层递进。此外，在每个任务都设置了"点亮智慧"栏目，进一步落实立德树人的根本任务。

5. 资源丰富多样：本教材配套资源丰富，结合课程内容配备了相应的课程标准、课件、教案、习题、微课等多样化学习资源。

本教材适合作为中职、大中专院校电子商务、市场营销等专业的新媒体营销课程的教学用书，也可以作为各类新媒体营销培训机构及从事新媒体营销行业人员的参考用书。通过本教材的学习，学生不仅可以掌握新媒体营销的基础理论及核心技能，而且可以体验高度贴合企业岗位的工作流程。本教材旨在让学生在技术中共享学习乐趣，在情境中感知知识魅力，在实训中领悟技能提升，在拓展中促进智慧共生，从而为职业教育在

"互联网＋"时代的教学改革创新增添动力，真正培育出社会与经济发展需要的智慧型、创新型、技能型新媒体营销人才。

本教材由罗娜、朱洪担任主编，李梅芬、李幸、梁仙梅、黄春玲担任副主编。编写团队均为双师型教师，对新媒体营销有深入研究。具体分工如下：茂名市第二职业技术学校李幸负责编写项目1；广州市增城区教师发展中心朱洪负责编写项目2；忻城县职业技术学校梁仙梅负责编写项目3；广州市增城区东方职业技术学校罗娜负责编写项目4；东莞理工学校李梅芬负责编写项目5；高州市第一职业技术学校黄春玲负责编写项目6。全书由罗娜、朱洪统稿，广州市增城区东方职业技术学校何平、邹宇洁负责调研及校稿。

在编写过程中编者参考了许多学者的研究成果，在此表示诚挚感谢。由于编者水平有限，书中难免有疏漏和不足之处，欢迎广大读者不吝指正。

编者

目 录

新媒体营销概述：互联网营销新时代

学习目标

● 知识目标
1. 能讲述新媒体产生的背景、发展现状与趋势；
2. 能说出新媒体以及新媒体营销的概念；
3. 能罗列新媒体营销的类型与特点；
4. 能描述新媒体营销人员应具备的职业素养与岗位职责。

● 技能目标
1. 能够建立新媒体营销思维，强化创新意识；
2. 能够描述新媒体时代下营销变革的特征；
3. 能够以案例的形式描述新媒体营销的变现方式。

● 素养目标
1. 树立建设网络强国、技能强国的信心和责任感，培养深厚的中华民族自豪感；
2. 利用新媒体讲好家乡故事，助力乡村振兴，培养"经世济民"的家国情怀和职业品格；
3. 增强新媒体营销从业人员遵纪守法、规范经营的法治意识；
4. 培养工匠精神、创新思维和团队合作精神。

知识框架图

```
                          ┌─ 任务1 认识新媒体营销 ──┬─ 新媒体营销概述
                          │                          ├─ 新媒体营销的理论溯源
项目1 新媒体营销概述 ──────┤                          └─ 新媒体营销的现状及发展趋势
                          │
                          └─ 任务2 新媒体营销人员职业素养养成 ──┬─ 新媒体营销岗位的工作职责
                                                                └─ 新媒体营销岗位的必备技能
```

项目导入

1. 新媒体营销范畴界定

新媒体营销是指以广告主、营销服务商、MCN（多频道网络）、KOL（关键意见领袖）和新媒体平台等为主要产业链角色方（见图1-1）而共同支撑运作的，以KOL为主体，在社交平台、内容平台、短视频平台等新媒体平台上所开展的内容化营销活动。

广告主
广告主根据消费者的触媒习惯、营销可行性等的改变而产生新媒体营销需求，进而推动产业链发展

营销服务商
营销服务商的职能业务布局和资源合作联动新媒体营销产业链运作

MCN
MCN机构发掘培育KOL，帮助KOL实现系统化和专业化的内容创作和业务合作

KOL
作为新媒体营销的展示者，KOL利用自身的粉丝基础和影响力，帮助广告主实现品牌和效果方向的需求

新媒体平台
不同模式、不同消费者属性的新媒体平台，承载与展示新媒体营销成果，实现消费者触达

图1-1　新媒体营销产业链角色方总览

2. 新媒体所处的环境

互联网市场发展迅速，消费者的注意力和时间更多地向线上倾斜，广告主也以此为风向标，将营销预算与投入更多地分配给线上渠道。在内容形式和营销方法上更具多样性与优势的新媒体营销，进一步凸显能够借此吸引更多用户及其注意力的价值。新媒体营销市场中营销服务商、新媒体平台等角色方，共同为新媒体营销产业的发展创造出良好环境。

3. 新媒体营销策略

以微博、微信等为代表的社交平台，以哔哩哔哩、抖音、快手等为代表的视频内容平台，以小红书等为代表的具有内容社区频道的电商平台等，因具备内容承载量大、高消费者活跃度、社交裂变传播的特征，是开展新媒体营销的主要平台。不同新媒体平台在话题传播广泛度、消费者讨论参与度、内容信息呈现深度、"种草拔草"转化效率等方面都各具优势，而依据营销策略，通过多平台开展整合式新媒体营销，融合各平台优势以强化营销效果，将成为新媒体营销的发展方向。

课堂讨论

1. 新媒体的崛起给传统媒体带来了哪些冲击？
2. 在新的营销环境里，企业应该如何合理布局新媒体营销？
3. 作为学生，我们学习的方向需要有哪些变化呢？

典型工作任务

◎ 职业情境

M公司是我国传统餐具陶瓷制造企业，为扩大营销力度，打破传统营销方式的限制，决定拓展网络营销渠道，借助新媒体进行推广，增加销量。

◎ 任务分析

结合当前新媒体营销环境，根据我国传统餐具陶瓷的特点，提出新媒体营销的新方向，并制定新媒体营销活动大纲。

◎ 素养园地

我国的餐饮文化博大精深，使用陶瓷餐具的历史更是源远流长，深入了解我国餐桌文化，分析现代陶瓷餐具新风尚，实现传统与现代的有机结合，传承我国优秀餐饮文化。

◎ 头脑风暴

你将如何进行深入分析，更好地完成新媒体营销的活动规划呢？

▶ 任务1　认识新媒体营销

◎ 知识直通车

随着"互联网＋"时代的快速发展，"新媒体"成为现代企业营销的新渠道，人们的生活习惯悄然变化，进而形成了新的价值理念和消费行为。

国家层面上，相关政策先后出台，刺激"互联网＋"产业的升级和创新，鼓励传统媒体和新媒体相互转型融合，颁布实施了相关的法律和行为规范；个体层面上，新媒体已经融入了人们生活的方方面面，与人们朝夕相伴，深深地影响着人们的生活。

微课 新媒体营销的
概念和特征

1.1　新媒体营销概述

1.1.1　认识新媒体

新媒体（New Media）一词最早出自1967年美国哥伦比亚广播电视网（CBS）技术研究所所长戈尔德马克（P·Goldmark）的一份商品开发计划。自此，新媒体一词开始在美国流行并迅速扩展至全世界。

联合国教科文组织对新媒体的定义是："以数字技术为基础，以网络为载体进行信息传播的媒介。"美国《连线》杂志对新媒体的定义是："所有人对所有人的传播。"这个定义突破了传统媒体对传播者和受众两个角色的严格划分，在新媒体环境下，每个人既可以是接收者，也可以是传播者，信息的传播不再是单向的传输。

本书认为，相对于报纸、杂志、电视等传统媒体，新媒体是一个动态变化的概念，狭义上可以将新媒体看作随着媒体的发展与变化而产生的一种媒体形态，如手机媒体、互联网媒体、移动电视、数字电视等。如图 1-2 所示。

图 1-2 传统媒体 VS 新媒体

广义上可以将新媒体看作以互联网、宽带局域网和无线通信网等为渠道，利用计算机、手机和数字电视等各种终端，向用户提供信息和服务的传播形态，具有媒体形态数字化的特点。

课堂讨论

小时候和现在，我们分别是通过怎样的渠道接收到信息的呢？同学们进行讨论，分享感受体会。

1.1.2 新媒体营销的概念与特征

当前，我国新媒体用户规模增长迅速。随着智能终端的普及，用户的精力和时间主要花费在线上的各类新媒体上。越来越多的企业通过新媒体开展营销活动，用户对新媒体营销的接受程度也在逐渐提高。艾媒咨询的数据显示，越来越多的新媒体用户认可新媒体平台的营销广告且分享意愿较强。

1. 新媒体营销的概念

新媒体营销是借助新媒体平台进行的线上营销，结合了现代营销理论与互联网技术，是一种非常重要的营销方式。可以说，新媒体营销是企业软性渗透的商业策略在新媒体平台上的表现形式。企业通常借助新媒体进行表达与传播，使用户认同其理念、观点和分析思路，从而达到宣传品牌、销售产品的目的。

2. 新媒体营销的特征

新媒体营销是基于互联网平台进行的新形式营销，以微博、微信、短视频等新媒体为传播渠道，就企业相关产品的功能、价值等信息来进行品牌宣传、公共关系、产品促销等一系列营销活动。作为企业营销战略的一部分，新媒体营销是新时代企业全新的营销方式。

　　传统营销无论是通过报纸、电视、广播、杂志投放广告，还是其他推销方式，本质上都是从企业或者广告主的角度出发，缺少与消费者的互动。新媒体营销则从技术上的数字化与传播上的互动性出发进行营销，这种营销模式更注重内容的多样性以及传播过程的互动性。企业可以通过新媒体平台消费者的反馈，及时调整策略，甚至针对不同的个体采取个性化的营销方式。

　　伴随科学技术的每一次变革，新媒体营销方式都会有新的形态出现，而营销的目的则万变不离其宗：让顾客知晓并认可企业的产品和服务，从而产生消费行为。如图1-3所示，各类平台用不同形式嵌入购买渠道。

抖音视频播放时弹出视频同款商品链接　　小红书测评帖子内嵌入产品链接　　B站视频下方嵌入相关产品链接　　盒马鲜生加入内容沟通　　天猫赞助优酷的自制综艺，在节目播出期间，天猫平台开放节目专用频道

图1-3　各类平台的嵌入式购买渠道

　　新媒体营销的具体特征表现为以下几种：

　　(1) 多形式，个性化。

　　新媒体渠道的多样化带来的是营销方式的多元化，微博、微信、App、直播、视频、百科平台等新媒体各有特色，每种新媒体代表的都是一种不同的营销方式，企业可以通过一种或多种组合方式开展营销。对消费者来说，则倾向于在自己更熟悉、更信任的媒体上进行消费和购买。在新媒体上，企业通过个性化的手段和内容与消费者建立强社交关系，获得消费者信任，触达消费者。

　　另外，新媒体营销根据不同类别用户的特点与需求进行有针对性的营销活动，而不是像传统营销一样对所有接收信息的用户进行无差别的轰炸。例如，对于不同年龄段的用户来说，针对年轻群体的营销活动应更加新潮，更贴近网络热点，使用年轻人的流行语言；而针对年纪较大的用户，营销活动可能需要突出怀旧的主题。新媒体营销针对不同类别用户的特点和需求展开营销，取得用户认同和响应的概率更大，有利于提高营销效果。

　　(2) 广泛性，互动性。

　　新媒体受众范围广泛，所有加入互联网的用户，都可以成为企业进行新媒体营销的受众。人群影响面大，在大量用户群的网络中，生产有共鸣的内容和广告，容易形成大范围的口碑营销、病毒营销。强大的互动性是新媒体营销最明显的特征，新媒体改变了传统媒体营销"单向"传播的劣势，形成一种企业和消费者的"双向"传播。新媒体促使企业和消费者之间建立直接的联系，进行一对一的交流，企业可以依据消费者的反馈，及时调整营销模式和产品结构。同时，企业可以通过分析新媒体后台数据和利用数据挖掘技术，发现消费者的潜在需求，利用数字营销，对消费者进行精准定位，力求在营销时满足用户的个性化需求。

传统的营销主要是单向传输，更加注重用户的覆盖率。例如，纸质媒体渠道的发行点，电视的收视率，网站的访问量、点击量、阅读量等指标。传统媒体通过广阔的渠道覆盖来实现用户覆盖率。而新媒体营销更加关注的是对种子用户与粉丝用户的培养，构建用户的参与感，让用户更多参与产品的设计研发及销售服务过程，让用户和产品共同成长。当然，信息技术的发展也为产品与用户的互动提供了更多的可能性和更加便利的形式。因此，互动性是新媒体营销的重要特征之一。

（3）传播快，高增长。

新媒体的传播速度快，传播强度大，内容包括图片、文字、音频、视频等多样化信息，这些内容更加直观、生动、形象，容易被消费者迅速接收和理解。在具体营销实践中，新媒体营销的传播呈现裂变式增长，使得企业的营销可以在短时间内迅速抵达更多的用户。

相对而言，传统营销活动的传播节点简单，传播链条很短。例如，电视广告的传播从企业通过广告把信息传递给观众就结束了，只有企业和观众两个参与方。新媒体营销受益于技术发展和社交平台的普及，使营销活动传播的链条大大扩展，而且具有了自发传播的能力和特点。例如，优质的营销内容到传播后期已经不需要企业的干预和推动，而是依靠用户之间的转发和分享就能在社交网络上自发地传播。用户通过转发、分享等方式传播给其他用户，传播的链条大大延伸，营销内容的生命周期得以延长。

（4）数据化，更直观。

随着技术的发展和移动互联网的普及，每天都产生数据。通过挖掘这些海量的日常数据，可以实现用数据支撑商务活动的各个环节。数据化的直观表达是新媒体营销重要的特征。

首先，数据化是新媒体营销的基础。新媒体营销的第一步就是要对与营销活动有关的对象进行数据化的挖掘和评估。例如，要通过对搜索记录、浏览记录、购买记录等用户行为进行数据挖掘和分层分类分析，从而准确地描述用户；同样，营销活动也需要数据分析和运营。其次，相较于传统营销效果的粗放评估，新媒体营销的成果可以进行数据化呈现。例如，企业可以详细知道营销文章的阅读量、购买转化率、粉丝增长量等，甚至可以知道用户是谁、从哪里来。数据化营销成果的呈现可以促使企业及时调整营销策略和活动，以达到更好的营销效果。

1.1.3　新媒体营销的变现方式

在当代的新媒体行业中，拥有一定数量的活跃"粉丝"后，新媒体营销就可以实现变现。近年来，随着大数据和人工智能等技术的发展，新媒体营销的变现方式也越来越多样化。就变现方向而言，新媒体营销的变现方式主要包括企业用户方向的变现和个人用户方向的变现。

如果进行详细分类，新媒体营销的变现方式包括广告变现、电商变现、知识变现、平台分成变现和社群变现等。

1. 广告变现

广告变现是新媒体营销较为常见的变现方式，即通过发布广告来获取收益，付费方大多是企业用户。广告变现主要有两种实现方式：一种是直接变现，另一种是间接变现。

（1）直接变现。直接变现是指营销者接受委托方（指委托他人代为办理事务的个人或企业）的委托，按照委托方的要求发布广告并获得广告费。如图1-4所示。

图1-4　某博主为获得直接变现而发布的微博

（2）间接变现。间接变现指通过发布广告信息来吸引用户购买产品，从而获取收益。间接变现主要有两种实现方式：软广和硬广

1）软广。软广即软广告，是指将营销信息放在日常分享的内容中，以吸引用户查看营销信息并购买商品。例如，美妆博主可通过将有关化妆品的营销信息放在其日常发布的美妆教程中，并以自身的使用体会向用户展示产品的使用效果，吸引用户关注该产品并产生购买欲望，图1-5所示为软广。

2）硬广。硬广即硬广告，是专门为产品或品牌做的广告，用户能直接分辨出来。硬广包括信息流广告、开屏广告等。一般来说，新媒体平台中的硬广一般标有"广告"二字。图1-6所示为硬广。

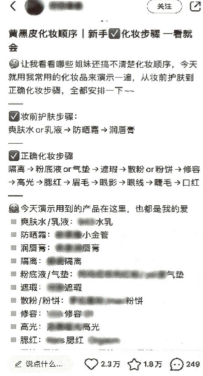

图 1-5　软广

图 1-6　硬广

2. 电商变现

电商变现是新媒体营销变现的主要方式之一。用户在新媒体平台或传统电商平台开设店铺售卖与自己定位相符的产品，并吸引用户购买就是典型的电商变现。例如，定位为讲故事的微信公众号开微店售卖周边产品实现变现；某短视频博主利用短视频平台的橱窗功能，在短视频中加入产品链接引导用户购买实现变现。图 1-7 所示为某微信公众号利用微信小程序售卖产品实现变现，图 1-8 所示为某短视频博主利用短视频平台的橱窗功能售卖产品实现变现。

3. 知识变现

知识变现也称为知识付费变现，2016 年可谓"知识变现之年"，许多知识付费平台都在这一年发展起来，并推出了一大批知识付费产品。艾媒网的相关数据显示，随着人工智能等技术的发展，经过早期的爆发式增长阶段后，现在我国的知识付费行业已逐步进入稳定发展阶段，行业竞争格局开始明朗。预计 2025 年，中国知识付费市场规模将达 2 808.8 亿元。

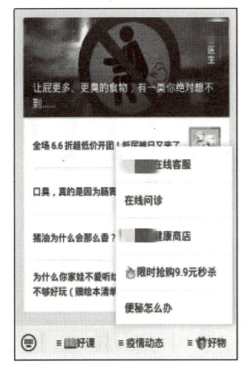 

图 1-7　某微信公众号利用微信小程序售卖产品实现变现

图 1-8　某短视频博主利用短视频平台的
橱窗功能售卖产品实现变现

图 1-9 和图 1-10 分别为艾媒网对 2015—2025 年中国知识付费消费者和市场的规模预测。

按内容形态的不同，知识变现可分为内容打赏变现、演讲培训变现以及付费咨询变现三种类型。

图 1-9 我国 2015—2025 年知识付费消费者规模及预测

图 1-10 我国 2015—2025 年知识付费市场规模及预测

（1）内容打赏变现。

内容打赏变现是指营销者发布的内容获得了用户的喜爱，而得到用户的赞赏、打赏等。如果用户被创作者的内容吸引，则会"投币"表示赞赏和喜欢，这个"投币"对创作者来说就是内容打赏变现的收益，如图 1-11 所示。

（2）演讲培训变现。

演讲培训变现是指营销者在某一领域拥有一定的影响力后，通过开设讲解该领域知识的课程或讲座，收取用户听课或讲座的费用实现变现。例如知乎的某些"红人"，在直播讲座中开设课程，收取课程费用，为用户讲解其擅长领域的相关知识。

（3）付费咨询变现。

付费咨询变现是指营销者在某一方面积累了丰富的知识和经验后，在新媒体平台中通过给个人或企业解答困惑来获得收益。例如，某微博用户通过回答其他用户提出的问题获得问答收益（即问题提出者设置的奖金），还可以持续收取其他用户围观答案的费用（一般每位用户围观答案需支付一元）。

图1-11 内容打赏变现

4. 平台分成变现

平台分成变现是指营销者通过达到平台分成要求获得资金收入。例如，简书作者使文章获得更多流量，得到更多的点赞，即可得到更多的"简书钻"，享受更多简书社区的服务特权。"简书钻"是简书社区推出的一种虚拟道具，简书的用户可将其变为选票，投给自己喜欢的内容，并享受其带来的收益。简书社区每周会根据用户的持钻数量，为用户发放"持钻奖励"徽章，拥有徽章（徽章背面有奖励倍数，不同徽章对应的倍数分别为1.1、1.2、1.3、1.4）的用户可以将徽章与"收益加成卡"合成，获取"暴击"机会，得到奖励，最终奖励为：收益加成卡面额×徽章倍数×暴击倍数。"简书钻"还可以1∶1免费兑换成"简书贝"，再按照"简书贝"流程兑现。

5. 社群变现

社群是一种关系链，也是圈层的社交网，一般指聚集在微信、QQ、自主研发的App等新媒体平台上的网络群体，如达人江湖商学院、果壳网等。社群是一群志同道合的人基于一种需求或爱好聚集在一起而形成的关系圈子。一般来说，社群应该拥有稳定的群体结构、一致的群体意识和行为规范，以及持续的互动关系。

当社群发展到一定程度，就出现了社群经济。社群经济指通过社群达成交易，使产品和用户之间建立情感链接，通过产品和用户的共同作用，将产品、社群、用户三者联系起来，打造一个自主运转、自主循环的经济系统。例如小米手机等产品的社群，就是汇集了喜爱该产品的用户的社群。这些社群通过对产品的再运营吸引更多用户来关注产品，与其建立情感链接，使其对社群产生信任，打造出鲜明的品牌，再将口碑附着在产品之上，为产品赋予独特的价值。社群变现依赖的就是社群经济，一般来说，社群成员在感情上更容易对产品产生信任，从而进行相关消费。

社群变现主要包括付费会员制社群变现和社群交流活动变现两种类型。

（1）付费会员制社群变现。

付费会员制社群变现是指社群通过收取会员费来实现变现。这种变现形式一般需要社群给用户提供特定的服务或权益，如免费的课程文档、定期的问题解答和知识分享，以及各类免费的资料包等。例如，"罗辑思维"社群就是典型的付费会员制社群，其第一期的5 000名"发起会员"及500名"铁杆会员"名额在短时间内即售空，变现160万元。

（2）社群交流活动变现。

社群交流活动变现是指社群通过开展粉丝团购、粉丝聚会、演讲培训等活动来获得收入的一种变现方式。社群开展的线下活动一般都会采用免费的形式，如果需要变现，社群则会采用经验分享活动的形式来吸引粉丝付费报名。

📋 课堂讨论 ▌▌

1. 信息爆炸的时代，我们接触到的新媒体平台众多，你最常用的几个新媒体平台是什么？它们有什么特点？

2. 你会选择在新媒体平台消费吗？分享一下你的消费体验。

1.2　新媒体营销的理论溯源

1.2.1　新媒体产生的背景

1. 互联网与智能终端突飞猛进，催生创新拐点

伴随着信息传播技术的进步，传媒行业经历了从平面媒体到广播电视媒体再到互联网媒体的演进过程。4G网络的全面部署，智能手机的普及，5G时代的到来，移动上网速度大幅提高，使用户体验得到了优化，移动应用场景更加丰富，这些促进了移动互联网的快速发展。国内商业智能数据服务商QuestMobile发布的中国移动互联网2024年秋季报告显示，截至2024年9月中国移动互联网月度活跃用户达到12.44亿，同比增长1.7%。手机视频、直播、移动游戏等各种移动应用通过智能终端喷涌而出。媒体承载的信息资源逐渐发生过渡和转移，从固定到移动，从大屏到小屏，移动互联网和智能终端突飞猛进的发展，促使企业的品牌价值发生了深层次的变化，进而引发了新媒体营销模式的变革。

2. 用户行为悄然变化，企业顺势而动

移动互联网不仅打破了信息在时间、空间上的不对称，而且改变了信息的传播方式，直接改变了人与人之间的沟通交流方式，改变了人们的行为（包括社交、学习和消费观念及习惯）。同时，消费者群体正在变迁，消费主力从"70后""80后"变成了互联网原住民"Z世代"[①]，消费者的思想、观念、需求、行为模式也发生了巨大改变，前者更注重看得见、摸得着的实地、实物接触消费，而后者更注重消费感知、自我实现、价值认同和社交分享等特点的消费。

传统营销模式是在各大媒体进行广告宣传，吸引消费者关注进而根据广告的指引进行咨询、购买。在移动互联网时代，随着消费者的消费习惯和消费模式的变化，用户会

---

① 指在1995年至2009年间出生的人，包括"95后"和"00后"。

根据自己的需求先在网上搜索，然后货比三家，哪家可以更好地满足自己的需求，就会在哪家购买。通过物流配送服务拿到商品后，如果品质、体验还不错，用户可能会在社交媒体上分享给其他网友。在这一变化下，企业纷纷转变观念，主动贴近用户，进行营销方式的革新。企业迫切需要通过媒体平台和用户进行持续性互动，同时收集、整理和分析用户个性化、差异化的大数据，并对自身的产品或服务进行优化，利用网络协同和数据分析实现精准营销。

3. 传统媒体主动融合求变

互联网、大数据、云计算、人工智能等新技术的发展推动了媒体技术的更迭发展，也促进了行业的转型升级和竞争加剧。传统媒体如果不积极寻求转型，进行结构升级，整合优化资源，破解僵局，寻找可持续发展之道，很快就可能被时代淘汰。在外界环境变化和内在发展的双重压力下，传统媒体正在主动与新媒体融合，进行转型升级。

1.2.2 新媒体营销变革

在新媒体时代，消费者的需求发生了变化，更加倾向于个性化、品质化和服务化，千人千面的用户画像让营销体系变得更加复杂。以往只追求产品功能卖点的品牌价值观念难以再获得消费者青睐，企业逐渐认识到，趣味感性的软性植入和能够激发情感共鸣的优质内容才能真正塑造品牌价值。注意力经济时代来临，碎片化的媒介环境开始呼唤沉浸式、渗透式、交互式的营销模式。

从消费者、品牌价值到媒介环境，商业环境的三大主题共同演进，伴随着新媒体的动态更新，传统的营销规律被打破，新媒体营销变革正在发生。

1. 新的市场理念

这是一个逐渐从企业向消费者转变的过程，新媒体营销真正让消费者成为营销的主体和核心。企业通过新媒体开展多平台的营销互动，一部分消费者也可以通过新媒体平台影响另一部分消费者。只有这样的新媒体营销，才能将市场真正带入"用户为王、全民营销"的新时代。

2. 新的营销目标

新媒体出现以后，销售渠道和营销都更加多元化，对很多产品来说，营销不再是单纯的广而告之，还有内容营销、互联网话题造势等多种方式；销售不再是线下实体店推销，所有的新媒体渠道都可以成为变现的销售网络。新媒体营销要将品牌传播与销售协同合一才能真正提升商业效率。

3. 新的传播模式

相较于传统媒体，新媒体最突出的特征是改变了过去的单向传播模式，创造了传播者和接收者之间随时随地双向传播的模式。这样的传播模式赋予了新媒体开放性，使得越来越多的媒体、企业和商家开始重视受众、用户对项目或商品的参与性。

4. 新的技术驱动

新媒体拓展了人工智能及智能问答系统的应用领域，通过数字营销、标签优化、算法赋能，打通商品、消费者、媒体多层商业要素之间的匹配逻辑，实现精准营销分发。

1.3　新媒体营销的现状及发展趋势

1.3.1　新媒体营销的现状

近年来，线上媒体大爆发，线上购物、线上娱乐迎来新的增长，特别是使更多人养成了刷短视频的习惯，移动互联网潜力进一步凸显。越来越多的品牌加入新媒体运营，无论是短视频直播还是各大社交平台种草、联名定制，都深受各大品牌青睐。

在用户个体层面，用户个体更多地借助互联网学习和工作、购物、消费、娱乐等，用户上网的习惯和意愿加速形成，尤其是互联网普及率较低的农村更是实现跨越式发展。作为拥有最大互联网用户群体的市场，我国新媒体市场发展规模越来越大，2021年，新媒体行业企业数量首次超过4 000家。用户和产业的互联网迁移速度加快，城乡数字鸿沟缩小，相较于整体经济和传统产业，2020年包括直播、互联网广告、网络游戏、电竞等在内的我国新媒体产业高速发展，市场份额进一步增加，这背后则是互联网巨头通过大量投资来进一步完善其生态系统以及字节跳动、快手等新商业巨头的出现。

随着新媒体行业的日渐扩大，对于拥有庞大数据库的新媒体平台，商业广告无疑是新媒体平台连接企业之间商业合作的利器。故而，信息流广告或许已经成为企业主们做品牌营销以及获取流量的最佳方式。

我国新媒体营销目前主要面临以下挑战和问题：

1. 营销环境差异

部分企业忽略了新旧媒体营销环境的差异性，忽视了线上线下消费人群本身的差异性。

2. 信息安全威胁

由于信息不对称，信息贫乏的品牌营销主在选择营销平台和合作对象时会处于不利的位置。数据造假、注水刷量、创意被盗、物料泄露等问题，也给品牌带来了威胁。

3. 专业人才匮乏

当前专业的新媒体营销人才仍十分匮乏，且人们对营销的重视程度普遍较低。企业的营销管理人员多为年龄较大的管理者，在工作中可能欠缺创新精神，难以跟上新潮流。

4. 全球化进程慢

企业国际化营销发展缺乏国际营销意识，加之专业的全球化营销人才缺乏，全球化营销进程缓慢。

📋 课堂讨论 ▌▌

用自身的体会和例子，说说你对这几年新媒体营销发展的感受。

1.3.2　新媒体营销的发展趋势和展望

1. 新媒体将成未来营销活动主阵地，营销比重将继续加大

与传统媒体相比，新媒体双向传播的特点使得用户之间互动性更强，便于及时得到效果反馈。利用新媒体平台进行营销活动，有助于建立品牌与用户之间的情感联系，有效刺激购买欲望，营销达到的效果也更易于评估。且新媒体用户规模不断扩大，覆盖用户以消费力强劲的中青年群体为主。新媒体平台潜在的影响力提供了巨大的营销价值，新媒体营销将成为未来营销模式主流，各行业将继续加大在新媒体营销上的投入。

2. 新媒体营销广告用户接受度逐渐提高，内容真实性和趣味性将成发展要点

新媒体用户对新媒体营销态度更加宽容。随着新媒体的普及和新媒体案例的增多，用户对于新媒体营销的接受度逐渐提升。未来，广告内容的趣味性或将成为其是否能有效传达产品信息以及触达用户的主要因素。另外，真实性也将成为新媒体营销广告的另一关键点，如何在保留真实性的基础上深耕内容创作将是新媒体营销未来的发展方向。

3. 5G助推视频行业发展，短视频或成未来新媒体营销主流

随着5G行业的进一步发展，直播行业和短视频行业或将迎来新的发展良机。在新媒体营销方面，视频展示直观全面、即时性、交互性强的特点与企业营销的目的更加契合。同时，随着大数据以及人工智能技术的进一步应用，视频类营销将实现更高的精准性以及互动性，有效提高营销效果。未来，短视频营销有望进一步得到企业青睐，成为新媒体营销的主流方式。

4. 新媒体营销行业环境待净化，数据透明化促进市场健康发展

数据、流量是衡量营销效果的核心。然而买"粉"、买赞、刷评论等行为扰乱了营销效果的评估，数据掺水、流量泡沫的存在使得营销价值衡量过程中容易出现偏差。随着科技的发展，数据分析过程已经能够成功识别部分数据造假情况，这将推进新媒体营销相关数据不断公开透明，有利于市场的健康发展。

◎ 点亮智慧

新媒体营销已经成为当今营销的重要渠道，我们通过对比传统媒体和新媒体，了解了新媒体营销的特征、变现方式以及发展过程。通过举例，我们对新媒体营销有了具体的认识，为接下来的学习奠定了理论基础。

◎ 小试牛刀

根据新媒体营销的相关知识，请以小组为单位（3～4人一组），完成以下研究活动。

M公司坐落在我国陶瓷之都——景德镇，是我国传统餐具陶瓷制造企业，正在进行线下到线上的营销转型。M公司为了更好地开拓都市年轻人的市场，准备在国庆节以

"国风餐饮"为主题开展大促活动。

请同学们进行小组讨论，为 M 公司的本次大促活动制定简单的活动方案，包括市场分析、活动目标、活动形式等。

◎ 头脑风暴

你将如何进行深入分析，更好地完成新媒体营销的活动规划呢？

▶ 任务 2　新媒体营销人员职业素养养成

◎ 知识直通车

随着新媒体平台的迅猛发展，新媒体营销策略层出不穷，各行各业纷纷将其作为自身品牌宣传和营销推广的重要阵地。新媒体营销这一新兴领域的从业人员必须具备一定的职业素养。

2.1　新媒体营销岗位的工作职责

新媒体营销工作的核心是内容运营。据相关统计，目前全国已有数百万人从事新媒体营销工作，这是一个非常庞大的"族群"。在智联招聘网站上以"新媒体营销"作为关键词搜索招聘信息并进行分析，得到的新媒体营销岗位包括新媒体营销策划、新媒体运营推广、新媒体文案编辑等。其职业发展遵循互联网行业的一般规律，成长路径为从助理、专员、主管、经理到总监。

新媒体营销相关岗位的日常工作包括选题定位、素材收集、内容编辑、图文排版、封面配图、内容校对、推送发布、数据监测、留言处理、用户反馈互动、定期总结等。

新媒体营销岗位群的工作职责界定如下。

2.1.1　营销策划

（1）深刻理解公司的发展战略和产品特点，聚焦社交平台的最新营销动作和产品舆论资讯，致力于品牌形象提升和营销业绩转化。

（2）与团队共同讨论策划方案，配合执行各种线上线下营销活动，进行媒介对接与内容制作。

2.1.2　新媒体运营

新媒体运营涉及各新媒体平台的活动策划、日常内容更新、数据分析等运营及推广工作。

2.1.3　视觉设计

视觉设计主要包括图像、文案、视频、资料、产品创意的策划、收集、制作与管理。

2.1.4　粉丝运营

（1）与各新媒体渠道粉丝进行良好互动，通过有效的新媒体运营手段提升粉丝活跃度，跟进推广效果，分析数据并及时反馈。

（2）聚集各社交平台上的粉丝群体，发展与维护核心用户，提升社群经济的规模效应。

2.2　新媒体营销岗位的必备技能

查阅招聘网站众多新媒体营销岗位的招聘信息，我们可以知道，企业的不同分工会让岗位工作内容有所变化，但现代企业对新媒体营销的工作岗位有相对统一的要求。

2.2.1　网感

所谓的网感是对时下热点消息的敏感度，是对当前趋势的判断力，也是捕捉互联网热点和爆点的能力。所有新媒体人都要有对时事、热点的敏感性，要了解网民关注什么，对网络语言、网络流行趋势要有全面的把控能力。

2.2.2　写作能力

优秀的新媒体营销人员一定要具有扎实的写作功底，有一套写文章的精密逻辑，还要能够自由切换语言风格，以适应不同的营销环境和素材。好的文案能够让读者产生强烈的代入感，从而在潜移默化中实现营销转化。

2.2.3　美学素养

文案排版就是工作的"脸面"。令人赏心悦目的排版风格，配上足够有格调的图片，会带来意想不到的效果。这都要求新媒体营销人员具有良好的美学素养。

2.2.4　创新能力

只有好的创意才能深入人心，在网络上形成影响力。现在，大部分网络流行词汇都是由新媒体从业者创造出来的，好的创意是营销效果的根本保证。

2.2.5　学习能力

学习能力是最基本的能力之一，因为新媒体运营不仅仅是发文章而已。新媒体营销人员一定要对身边的事物充满好奇心，同时要充实自己的知识库。不管是进行文字编辑还是操作实用工具，都要不断尝试学习新知识，灵感往往来自对新事物的体验。

2.2.6　数据分析能力

一定程度上，新媒体工作是数据运营的工作，从业人员每天都要盯着后台的阅读、互动、分享、留言评论等数据。新媒体营销人员要了解每条曲线波峰、波谷出现的原因，预测大致趋向，并能分析后台的关键数据。

2.2.7　抗压能力

新媒体营销不是一项轻松的工作，需要马不停蹄地过热点、找素材、写文案、做推广，还需要客串一下客服的角色。因此，要做好"多面手"，需要极强的抗压能力。

🔘 点亮智慧

随着新媒体营销的崛起，新媒体营销人才出现大量的缺口。为了更加贴合企业需求，成为合格的新媒体人，我们学习了解了新媒体营销岗位的工作职责和必备技能。我们要认真审视自己，找到差距，不断进步，努力成为出色的新媒体人！

🔘 小试牛刀

M公司是一家传统餐具陶瓷制造企业，位于陶瓷之都——景德镇。为更好地开展新媒体营销，M公司准备招聘一批新媒体营销人才。请同学们以小组为单位（3～4人一组），为该公司拟一份招聘信息，招聘信息需要包括招聘岗位、招聘要求、岗位工作内容等。

📋 匠心荟萃 ▐▐

在项目1的学习中，我们共同学习了新媒体产生的背景、发展现状与趋势，新媒体以及新媒体营销的概念，新媒体营销的类型与特点，也了解了新媒体营销人员的职业素养与岗位职责，对"什么是新媒体营销"有了清晰的认识。

在学习探究中，我们看到了我国新媒体迅速的发展，为国家的强大发展而自豪。相信同学们在接下来的学习中一定能够更好地掌握新媒体营销的具体技能，成为出色的新媒体营销人才！

请结合本项目的学习表现，完成下述学习评价：

学习目标	内容	优	良	中	差
知识目标	1. 能讲述新媒体产生的背景、发展现状与趋势				
	2. 能说出新媒体以及新媒体营销的概念				
	3. 能罗列新媒体营销的类型与特点				
	4. 能描述新媒体营销人员应具备的职业素养与岗位职责				

续表

学习目标	内容	优	良	中	差
技能目标	1. 能够建立新媒体营销思维，强化创新意识				
	2. 能够描述新媒体时代下营销变革的特征				
	3. 能够以案例的形式描述新媒体营销的变现方式				
素养目标	1. 树立建设网络强国、技能强国的信心和责任，培养深厚的中华民族自豪感				
	2. 利用新媒体讲好家乡故事，助力乡村振兴，培养"经世济民"的家国情怀和职业品格				
	3. 增强新媒体营销从业人员遵纪守法、规范经营的法治意识				
	4. 培养工匠精神、创新思维和团队合作精神				
学习总结与收获					

巧思妙练

【单选题】

1. 下列选项中属于新媒体的是（   ）。

A. 电视　　　　B. 手机媒体　　　　C. 广播　　　　D. 报纸

2. 以下不属于新媒体发展现状的是（   ）。

A. 起步晚，发展慢，影响范围小

B. 微信、微博影响力大

C. 短视频、直播异军突起

D. 移动智能化时代到来

3. 新媒体对日常生活和社会的影响主要在（   ）。

A. 语言环境、人际交往　　　　B. 阅读习惯、工作习惯

C. 社会安定　　　　D. 以上都是

4. 下列关于联合国教科文组织对新媒体的定义，不正确的是（   ）。

A. 以数字技术为基础　　　　B. 以网络为基础

C. 进行信息传播　　　　D. 是一种媒介

5. 5G 时代来临，关于短视频的认识不正确的是（   ）。

A. 它成为新闻报道新选择　　　　B. 它成为电商平台标配

C. 它成为旅游市场新动力　　　　D. 它成为线上教育最有效的方式

【多选题】

1. 新媒体营销从业者应该具备的能力有（   ）。

A. 写作能力
B. 创新能力
C. 网感
D. 美学素养
E. 学习能力

2. 新媒体营销的创新思维包括（　　）。
A. 品牌思维
B. 框架思维
C. 产品思维
D. 用户思维
E. 联想思维

3. 下列属于新媒体营销特征的有（　　）。
A. 多形式，个性化
B. 广泛性，互动性
C. 传播快，高增长
D. 数据化，更直观
E. 不能裂变

4. 新媒体营销不可为的操作有（　　）。
A. 传播谣言
B. 发布有害信息
C. 非法经营
D. 泄露个人信息

【简答题】

1. 简述新媒体营销的概念。
2. 新媒体营销呈现怎样的发展趋势？
3. 新媒体营销岗位的必备技能有哪些？

【综合实训题】

各位同学到招聘网站查询新媒体营销岗位招聘信息，了解招聘要求，并对照自己的现状进行思考，填写以下表格：

我想从事的新媒体营销岗位	
该岗位的招聘要求	
我目前已具备的素质和技能	
我尚未具备的素质和技能	
我接下来努力的方向	

项目2

营销策略：做好新媒体营销的方法论指导

学习目标

● 知识目标

1. 能说出新媒体营销的核心法则；
2. 能举例说明新媒体营销的经典模式；
3. 能罗列新媒体营销精准定位的内容。

● 技能目标

1. 能够灵活运用核心法则开展新媒体营销；
2. 能够准确运用各类经典模式进行新媒体营销；
3. 能够选择可行的定位方式开展新媒体营销精准定位。

● 素养目标

勇于创新，培养新媒体营销思维。

知识框架图

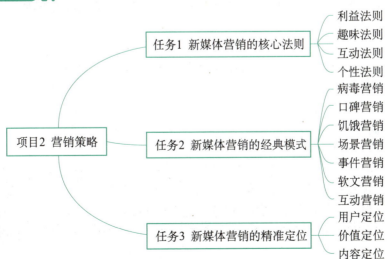

📋 项目导入 ▌▌

经济发展和科技进步推动着现代化的步伐，在信息时代，传统媒体的影响正在日益缩小，多元化的数字化媒体已经逐渐走进了人们的生活，人们已离不开相互交流、互通有无的共同圈，对于信息的要求越来越高，因此，新媒体营销是必然趋势。

📋 课堂讨论 ▌▌

你关注过哪些新媒体在不同行业的营销案例？请简单介绍。

📋 典型工作任务 ▌▌

◎ 职业情境

A 公司的主营业务是设计及销售婴儿推车，为迎接"六一"儿童节大促，希望通过新媒体营销扩大宣传效果，预热"六一"儿童节促销活动，提高销量。

◎ 任务分析

结合"六一"儿童节，紧扣产品婴儿推车，选择适合新媒体营销的模式，并采用合适的定位方式开展营销活动。

◎ 素养园地

引导学生研究婴儿推车的产品内涵与卖点，帮助其体会父母对孩子的关爱之情。借助新媒体营销活动的开展，培养学生勇于创新的精神，使其形成新媒体营销思维。

◎ 头脑风暴

你将如何开展任务探究，以便更好地完成新媒体营销模式选择及精准定位？

▶ 任务 1　新媒体营销的核心法则

◎ 知识直通车

知是行之始，我们只有深刻了解和掌握新媒体行业的核心营销思维，了解该如何开展新媒体的运营，才能让自己在热爱的新媒体岗位上熠熠生辉。而新媒体营销核心法则是整个新媒体运营过程中的重中之重，它能指导我们在产品的营销过程中于正确的时间点干对应的事情。

扫一扫

微课　学法则懂营销

1.1 利益法则

"天下熙熙，皆为利来。天下攘攘，皆为利往。"诱之以利，结成利益共同体一直以来都是最行之有效的吸引用户流量的铁律。但此利并非仅仅指"价格优惠及让利"，更多的是塑造利益价值点来吸引用户，如品牌价值、产品价值、服务价值等。

无论是传统营销还是新媒体营销，都要以为目标用户提供最大化的利益为基础。企业策划营销活动都必须置身于目标用户的角度进行思考，理清本次活动能为用户带来什么利益，以及用户参加活动的理由，所以企业在进行营销信息传播时，可以以小利吸引用户传播，从而获得更大的回报。

1.1.1 精析消费心理

企业要依据用户的消费心理采用恰当的营销方式和技巧，以激发用户的兴趣和参与欲，引导用户产生进一步的购买行动。

1.1.2 扩大"利益"外延

新媒体营销应为用户提供外延更加广泛的"利益"，如用户需要的信息资讯，满足其心理需求的服务或给予某种荣誉等。

1.1.3 调整文案创意

为满足用户的利益需求，企业有针对性地美化页面及调整文案进行创意宣传，注重销售承诺给予用户信任感和安全感，可以有效将用户转化为企业客户，提高转化率。

 案例分析

小米手机：得大众者得天下！

在智能手机刚刚兴起的时候，小米公司通过调研十分敏锐地观察到大众市场对智能手机具有较大的需求。小米公司通过精心策划及产品研发，推出了主打高性价比的小米1，其定位是瞄准大众市场，以超高性价比作为产品卖点，使得中低收入人群都可以用得起智能手机，同时根据用户体验至上原则创新产品功能，选择饥饿营销策略，凸显性价比、强调实用性，从而获得了大量消费者的青睐，引发抢购风潮，市场份额迅速提升，实现"得天下"的目标。

想一想，练一练：

1. 小米手机能够提供给用户的利益是什么？

2. 你认为一个企业要为用户提供怎样的利益，才能吸引更多的用户，扩大市场份额？

1.2 趣味法则

用户流连于互联网，是因为其基础属性是娱乐性，因此只有富有趣味、突出创意的新媒体营销或网络互动广告，才能吸引更多目标受众的关注，才能更好地增添品牌魅力。数字时代的新媒体营销需遵循趣味法则，只有创作出独特、有趣、好玩的营销内容，才能引导网络用户积极参与到品牌传播与扩散的活动中。

例如，999感冒灵采用与用户共创趣味深度融合的网络互动方式，为年轻用户搭建了更有趣更具创意的营销场景，邀请用户共创趣味营销新模式，并结合IP内容，让用户以自己感兴趣的方式参与到999品牌的营销体验中，让用户为品牌造势，在有效创造群体影响力的同时，实现了用户与品牌共创营销价值的新思路。

1.3 互动法则

新媒体营销与传统营销的一个重要区别，就是数字时代下用户乐于接收新的信息，借助数字技术主动进行互动，参与企业产品的创造和销售宣传，如图2-1所示。因此新媒体营销中双向甚至多向的互动传播可以增加目标用户与品牌之间的黏性，在平等交流中吸引大量品牌忠实粉丝，从而为营销带来独特的竞争优势。在新媒体营销中企业要积极运用互动法则，做到与顾客的同频共振、高频互动，才会带来理想的营销效果。

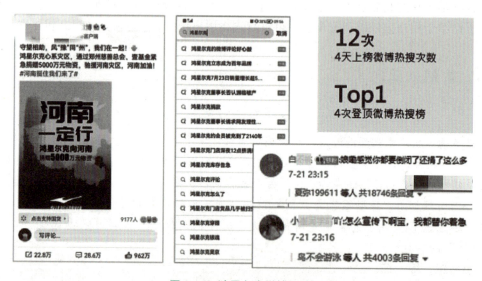

图2-1 鸿星尔克微博互动

以抖音为例，抖音企业运营者通常在平台开展有趣话题讨论、征集用户建议、发起投票、有奖竞答等多样化的互动。企业需要注意的是，不同的互动方式需要不同的操作方法和技巧，所带来的作用也会不同，因此需要合理选择互动方式和技巧。

1.3.1　根据时下热点事件或争议话题发起粉丝讨论

企业能够在与粉丝的互动中让粉丝产生激烈的讨论，更容易增加抖音直播的热度，也更能吸引流量。而通常能引发粉丝热烈讨论甚至是争论的话题都是有争议性的热点话题。

那什么是有争议性的话题呢？其典型的特征是无论从哪个角度分析均有道理，简单来说就是"公说公有理，婆说婆有理"的话题。抖音账号在抛出话题后，要能够有效引起用户的思考，并积极引导他们在评论区开展讨论。粉丝看到其他人与自己观点契合时就会去交流，看到与自己观点不一致时就会去反驳，形成粉丝与粉丝之间的话题讨论，粉丝与运营者之间的良性互动，最终带动抖音短视频热度，吸引更多用户关注和加入。如图 2-2 所示。

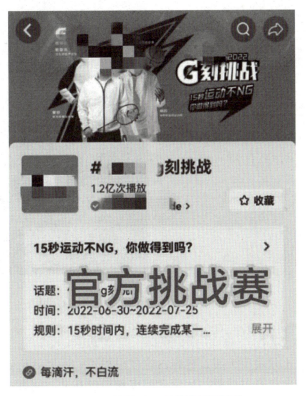

图 2-2　佳得乐 G 刻挑战话题讨论

1.3.2　向粉丝征集话题，即时创造新闻

新媒体营销人员由于个人的能力和精力有限，在抖音短视频创作没有更好的创意，处于瓶颈时，可以在抖音账号下进行话题征集活动虚心向粉丝请教，可以以问卷调查的形式征集话题，请他们表达喜欢及想要观看的内容，了解其兴趣点，并可以有效促使他们继续关注下一期视频，增强粉丝认同感和参与感。

1.3.3　向粉丝征集短视频，视频内容多样化

为了让短视频的覆盖面扩大化，视频内容多样化、形式趣味化，抖音账号可以选择贴近粉丝生活或者工作的主题，展开有奖征集活动，让有创意、擅制作的粉丝创作视频。对采纳的视频可以给予奖励，以有效增强粉丝参与的活跃度。同时，在制作过程中，粉丝会与企业积极互动，彼此增强了解，可以为抖音账号吸粉引流，增加其影响力。如图2-3所示。

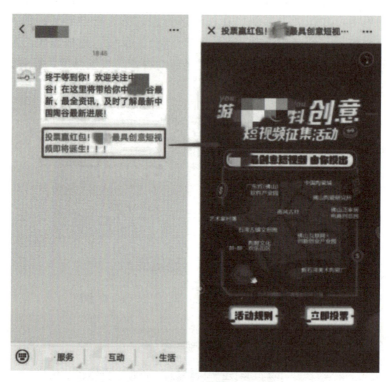

图 2-3　某短视频征集活动截图

1.3.4　由视频转向幕后，双向传播吸引跟随者

抖音视频的运营不只是单纯通过视频内容吸引粉丝，还要让粉丝了解背后的创作者及其团队。为此，企业抖音短视频的运营者要多和粉丝互动，使其在认同视频内容的基础上，逐渐认可幕后工作人员，提升粉丝的忠实度。运营者可以在后台回复粉丝代表性评论，此外，运营者还可以专门拍摄一期答疑交流视频，回复粉丝的问题，增强与粉丝互动的效果。

 案例分析

橱窗里的女人，亦真亦假

某节日当天，M公司设计了一个全新的展示橱窗，橱窗里有一位美丽的女人，她可

以做出许多种丰富的表情，还能跟来往路人互动，不少消费者都被她吸引驻足欣赏观看，还忍不住窃窃私语地讨论着：这个女人到底是真人还是假人？

其实，橱窗里的漂亮女人并非真人，而是一个逼真的机器人，无论微笑、弯腰点头还是打哈欠，都与真人完全一致。试想一下：如果你在商场里看到这样逼真的机器人，是不是也会驻足研究？一旦你停下脚步欣赏，就有机会达成商家的目的——吸引你走进店里。

想一想，练一练：

1. 在新媒体营销互动活动方面有哪些经典案例？
2. 如何开展互动活动才能吸引更多消费者，扩大营销效果？

1.4　个性法则

在传统营销环境下，企业很难实施个性化营销，不仅难度大且成本高，但在数字技术迅速发展的时代，通过数据赋能精准用户画像，精确细分用户群体，企业可以实施有针对性的营销方案。在积极互动的基础上，企业满足用户个性化的产品需求及被重视被关注的心理需求，从而有效促进用户消费行为的产生。

 案例分析

一串烧烤带火一座城，说的就是山东省淄博市。整个春天，在抖音上时不时出现淄博烧烤狂欢盛会的视频。这座曾经的老工业城市，凭借有温情的烧烤火出了圈，从"鲁C"摇身一变成为全国城市的流量"C位"。淄博老百姓也纷纷支持政府的发展政策，为前去淄博的游客全方位提供便利设施。

随处可见的充电插座、实惠的小吃价格等，淄博已经发展成最热门的网红城市。因此，它的爆火并不纯粹源于流量时代的天降热点，更多的还在于背后政府提供的便捷而又具有温情的服务，让热点维持成了热度。

淄博采用多样化的新媒体平台做营销，通过直播、短视频、图文等讲好淄博烧烤故事，将丰富生动有趣的烧烤体验展现在用户面前。针对商户，政府遵循便捷法则积极进行产业扶持，政务大厅甚至开设了"烧烤办证专属窗口"，20分钟商户就可以办好经营的所有证件；为游客提供了服务引导，高铁站、高速公路路口随处可见的能快速查询各区烧烤店的电子"烧烤地图"，还附带电话和导航服务；市文旅局推出淄博烧烤系列文旅产品、景点免费开放日活动等回馈前往的游客。

最值得一提的是，淄博市政府还通过一系列号召让当地居民团结起来，自愿充当服务者，面对汹涌而来的人流提供优质温情的服务，让外地游客感受到了春天般的温暖。

想一想，练一练：
淄博的爆火可以复制吗？

◎ **点亮智慧**

在数字信息技术赋能营销的环境下，如何进行新媒体营销推广，是全体营销人面临的重大课题。为了更好地掌握新媒体营销法则，我们结合市场经典案例，总结了新媒体营销的四大黄金法则。这是在新媒体营销时代，企业能够获得持续增长并成为行业佼佼者的核心原则，也是新媒体营销的重要法则。

◎ **小试牛刀**

目前，很多企业都通过新媒体开展各类营销活动。如果你是某婴儿推车品牌的营销人员，想想你会如何利用新媒体营销核心法则的相关理论去吸引用户。

▶ 任务 2　新媒体营销的经典模式

◎ **知识直通车**

互联网的蓬勃发展，让大众生活发生了颠覆性的变化。为造就成本低廉且效率更高的营销环境，新媒体顺应时代的需求如期而至，并因其营销内容庞大、具有全球性等特征，为企业的营销活动提供了无限的可能。在这个环境中，企业的营销方式也在不断优胜劣汰、更新迭变，效果理想的营销方式被许多企业广泛应用，生动丰富的营销模式应运而生，如病毒营销、口碑营销、饥饿营销、场景营销、事件营销、软文营销、互动营销等。

2.1　病毒营销

在娱乐营销盛行的年代，"病毒营销"是一种非常迅速有效的向用户进行自荐的方法，备受公司青睐。它最早由欧莱礼媒体公司总裁兼CEO提姆·奥莱理提出，是指企业可以积极借助数字媒介传播工具，如社交网站、电子邮件、网站广告、论坛、博客、播客、视频、游戏、动漫等，利用社会公众的积极性和人际传播网络，让营销信息像病毒一样扩散。换句话说，就是"让朋友告诉朋友"，通过用户的口碑宣传，实现营销信息快速复制、广泛传播并能深入人心。

不过，古训有云，水能载舟亦能覆舟。任何一种工具或模式都有两面性，病毒营销模式也不例外。首先，病毒营销最大的优势是费用低廉，如果能够巧妙运作，甚至可以零费用进行宣传，让无数人了解自己公司的产品；其次，传播高效，运用互联网工具就能让营销信息得到迅速传播；最后，信息的传播者即社会大众本身就是信息的受益者，他们会自愿进行信息传播。

然而，由于网络平台是对全体公众开放的，这就会出现违反公共道德、虚假宣传或会产生负面效应的信息也像病毒一样迅速传播。比如，那些强迫用户的"不转发，1个月内家人出事"、虚假的"某某行业内幕"、令人厌恶的"明星隐私"等，会对社会造成非常不好的影响。对于商家来说，在推广一项产品的同时要及时与用户做好沟通反馈工作，只有这样才能在充分地规避风险的基础上，发挥出病毒式营销的优势。

病毒营销有以下六项基本原则。

2.1.1　提供有价值的产品或服务

对用户而言，最大的吸引力莫过于享受"免费"的产品或服务了，当用户购买了某项产品后，公司给他们提供一些有价值的赠品或是免费服务，他们会很欣喜。当然，免费是一种手段而不是目的，现在的免费是为了将来的盈利。

2.1.2　提供不费吹灰之力就能向他人传递营销信息的方式

忙碌是大多数用户的生活或者工作基调，没有人愿意花费大量的时间和精力去了解一件新事物，更不要说大费周章地把它介绍给朋友了，即使这个产品真的值得推荐，但碍于个人时间和精力有限，也难以进行有效传播。因此，营销信息一定要极简，让其易于传播，达到公司的传播目标。

2.1.3　信息传递范围易从小规模向大规模扩散

病毒性模型必须是可在市场上进行快速扩充的，且自动扩散。

2.1.4　利用公众的内驱力

人们在从事某一件事时，往往都是因为某种内驱力，因此要充分利用他们的价值观或理念，比如有些人爱好名牌、渴望成功或者是希望成为领头羊获得被崇拜感等。

2.1.5　借助现有的通信网络

数字时代，人们的工作生活都被网络覆盖。网络是一个极好的平台，企业可以挑选有价值、有吸引力的产品借助网络传播给这些群体，让他们能够为自己的产品自发做推广。

2.1.6　利用他人的资源进行信息传播

举个简单的例子，在网站论坛，甚至是之前一度风靡的 QQ 空间，一篇好的帖子，都可能被他人转载，所以要善于利用他人的资源进行信息传播。

📋 课堂讨论 ▮▮

小米作为热门手机品牌，凭借线上限量抢购的病毒营销策略大放异彩。这种策略不仅激发了消费者的购买热情，更通过口碑传播迅速扩大品牌影响力，成功将小米手机推向市场，成为行业佳话。

你还知道哪些病毒营销的成功案例呢？

2.2　口碑营销

2.2.1　什么是口碑营销

在信息爆炸、网络高速发展的时代，我们每天都会接触到大量的信息，对广告、新闻都有较强的免疫力。要想吸引用户的高度关注就需要进行自发的口碑传播，其已成为最可靠的广告形式之一。

口碑营销是指企业明确营销的目标，结合产品特点、客户行为等，通过可行的方法创造出一系列有吸引力的营销活动，努力使自己的产品信息通过客户和亲朋好友的交流进行传播。其优势在于可以帮助企业提高自身知名度，从而吸引更多的忠实消费者和潜在客户。口碑营销的基本原则是以客户为中心，由产品使用者来发起，企业可以采取发放优惠券、礼品等，使客户体验到优质服务，从而提高组织的口碑。同时要特别注意的是，要做好负面口碑管理，以免产生不良影响。

2.2.2　如何进行口碑营销

首先，确定核心客户，了解客户的需求和期望。通过广泛收集客户的意见和评价，深入理解客户的需求，为实施有效口碑营销提供有力支持。

其次，运用社交媒体进行品牌营销。企业可以使用社交媒体满足客户的需求，并将品牌与客户联系起来，通过分享和传播品牌文化或故事，将客户引入营销圈子，以达到营销目的。

最后，运用内容营销展示企业形象，开展推荐营销。企业可以将最新产品和服务推荐给客户，注重客户体验，针对产品的优势，创造有价值的内容，吸引客户的关注。

总之，口碑营销可以帮助企业增强品牌影响力，获得更多潜在客户。因此，企业要结合实际情况选择恰当的口碑营销手段，以达到最佳营销效果的目标。

课堂讨论

海底捞作为知名的火锅连锁品牌，凭借卓越的服务与有特色的菜品，赢得食客的盛赞。其独特的消费体验，如贴心的个性化服务、丰富的菜单选择，构筑了坚实的顾客基础。海底捞巧妙运用口碑营销，实施顾客推荐计划，每当顾客推荐新友，即获丰厚奖励，激发口碑热潮。同时，海底捞积极在社交媒体上与食客互动，迅速回应评价与建议，增强了顾客的品牌信赖与忠诚，让品牌影响力迅速扩展至更广泛的受众。

你知道哪些成功的口碑营销案例？其营销过程是怎样的？有什么样的营销效果？

2.3　饥饿营销

　　饥饿营销就是企业有意控制产量或调低销量，以期营造物以稀为贵、供不应求的"假象"，从而增强用户的购买欲，以增加产品销量、提升利润率和品牌价值为目的的一种营销模式。

　　我们常听说"奇货可居"，含义与饥饿营销有着异曲同工之妙。在日常生活中，常常看到的"限量版""秒杀""抢购"等促销标语，都属于饥饿营销。在新媒体销售中，这个招数如果能够巧妙运用，可以得到绝妙效果，如提升产品销售额、奠定客户基础，产生高额的品牌附加价值，从而树立起优质的品牌形象。饥饿营销也是把双刃剑，并不是每一个企业都能随便采用这种模式。需求的建立、强势的品牌、优质的商品和出色的营销策略都是饥饿营销的基础。采用这种营销模式时，企业需要注意心理共鸣、量力而行、宣传造势、审时度势等 4 个方面。

课堂讨论

　　网易严选曾精心策划了一场"内部价"限时促销活动。此次活动以稀缺性和高品质为卖点，通过限时限量的方式，为消费者提供了前所未有的大额优惠。此举迅速点燃了消费者的热情，吸引了大批追求品质生活的消费者参与。活动的成功之处在于，它巧妙地转移了消费者对价格的敏感度，将焦点放在了产品的品质与独特性上，为消费者创造了一个既经济又满足购物欲望的绝佳体验。这次活动不仅增强了品牌影响力，也为网易严选带来了可观的销售业绩。

　　请讨论网易严选是如何营造一场饥饿营销的。

2.4　场景营销

　　产品战略专家梁宁将场景分为"场"和"景"，分别指时间空间、情景和交互；美国学者艾伦·库伯把场景描述为"用户如何使用产品实现具体目标的故事"。随着品牌与用户之间的多元化互动与日俱增，场景营销开始成为新媒体营销关注的焦点。

　　场景营销通过场景构建来实现，其基于数据分析、用户行为分析来确定消费者的心理需求，在场景中植入有创意的营销活动，打造真实的生活体验场景，具有"软广告""植入式广告"的特性，形成能触动消费者的沉浸式体验，最终解决消费者的痛点。下面通过梳理农夫山泉运动场景营销案例进行分析。

　　在家庭饮用水市场，消费者的需求量越来越大，销量迎来了大爆发，逐渐形成煮饭、泡茶、煲汤等多个细分领域。农夫山泉在积极抢占后厨用水和家庭生活用水市场的基础上，还推出了运动场景的学生饮用水。在产品设计方面，其瓶盖设计独特，内设专利阀门，方便孩子在运动时单手就能开关喝水，且在开盖状态下，普通的侧翻、倒置都不会使水流出。在营销活动方面，农夫山泉开展跨界营销，联手支付宝和共享单车推出了"共享天然，绿色出行"的主题活动，一组画风非常喜感的生活场景海报深受消费者喜爱，如图2-4至图2-7所示。

图 2-4　游戏场景

图 2-5　健身场景

图 2-6　带娃场景

图 2-7　骑车场景

2.5　事件营销

　　事件营销对我们来说是一个非常熟悉的词，尤其是在现今新媒体营销时代，事件的发酵速度非常快，可以帮助企业快速获取流量，所以常被企业采用。

2.5.1　什么是事件营销

　　事件营销起源于20世纪80年代的美国，它是由西方传播学家伊莱休·卡茨和丹尼尔·斯扬提出的"媒介事件"一词逐渐发展而来。之后营销界开始注意到新闻事件的特点及利用价值，并在实践中不断完善这一概念，继而有了现在的事件营销。

到目前为止，国内外专家对于事件营销概念的界定并不一致，存在着不同的看法。本书将事件营销界定为企业为树立良好的品牌形象，利用具有社会影响的新闻价值或名人效应的事件，吸引媒体和消费者的高度关注，策划、组织营销活动，以提高企业或产品的美誉度，最终促成产品成交的一种营销模式。

事件营销由于集客户关系、广告效应、公共关系、新闻效应、形象传播于一体，能够为新品推介、品牌价值传播创造机会，近年来成为受企业喜欢的一种市场推广手段。事件营销是一把双刃剑，利用不好会给企业带来不良影响。企业在进行事件营销时可以结合自身实际情况，选择恰当的营销策略，如名人策略、体育策略、时事策略等。

2.5.2 事件营销的模式

事件营销主要有两种模式：借势模式和造势模式。

1. 借势模式

借势模式是指企业利用已发生且受到目标消费者高度关注的突发事件或重大新闻，寻找企业与此事件的契合点并嵌入其中，运用媒介传播来宣传产品，从而引导公众将对热点事件的关注转变为对企业的关注。

借势模式成本低、操作便利，是企业进行事件营销时最爱采用的模式之一。此模式可以根据载体的不同，细分为借用重大突发事件型、借用社会重大事件型、借用热门影视娱乐作品型等。

（1）借用重大突发事件型。重大突发事件是指不在公众预料之中，突然发生的事件，这类事件是常会引起社会恐慌的负面事件，如 2003 年的非典、2008 年的汶川地震以及 2019 年的新冠疫情等。企业利用这类事件进行营销时，需要淡化经济利益，首先将企业社会责任作为营销的重点。如 2003 年非典早期，威露士公司就专门成立应急小组，制作出系列广告，在宣传"防止病从手入，请用威露士洗手液"的理念同时，率先在广深无偿捐赠 6 万瓶洗手液，一举奠定了其在家庭消毒市场的地位，深受公众好评。借助事件营销成功者不乏威露士一家。白云山在非典期间，一方面免费派送板蓝根等增强了自身品牌在公众心中的美誉度，另一方面大力宣传"板蓝根指纹图谱"研究成果，展现了其在医药研究方面的专业引领性，让自身产品美誉度和销售更上一层楼。

（2）借用社会重大事件型。这类事件通常是积极正面的，公众对其普遍重视、关注和了解的，如北京奥运会、G20 杭州峰会等。

（3）借用热门影视娱乐作品型。借用这类事件通常是指企业利用当下热播的电视剧、电影、综艺娱乐作品、音乐作品等对产品进行推广宣传，主要形式包括提供赞助、演员代言、影视冠名等。

2. 造势模式

造势模式是指企业为更好地进行产品宣传，主动制造符合企业和产品特色的话题和事件，通过传播，使其成为当下公众关注的热点话题。造势模式下的事件营销切记符合新闻法规，关联事件与品牌，同时注意控制风险，避免盲目跟风，勿将事件营销当临时战术。因此，造势必须满足创新性、公共性和互惠性三个原则。创新性是指事件营销中企业制造的话题、事件必须有亮点，事件必须能够引起消费者的好奇心，要么能取悦消费者，要么能与消费者产生情感共鸣，只有这样才能获得公众的关注。公共性是指企业制造的话题必须对社会产生一定的影响，从而获得受众基础。互惠性是指事件营销不仅要能为企业带来利益，还要实现消费者的某种利益诉求，实现企业和消费者双赢，这样企业才会获得持续的关注。

📑 课堂讨论 ▮▮

　　中国第一位进入太空的宇航员杨利伟当年返回地球时，蒙牛立即利用中国载人飞船成功返航这一喜人事件进行了新闻营销。印有"中国航天员专用牛奶"标志的蒙牛牛奶即刻出现在全国各大商场中，展厅还布置了身穿宇航服的人物模型，以及随处可见的各种醒目的航天宣传标志，很快，"航天员专用牛奶"引起了众多消费者的关注。

　　你还知道哪些有名的事件营销案例？营销过程是怎样的？取得了什么样的营销效果？请你进行分享。

2.6　软文营销

　　软文营销是一种新兴的营销手段。所谓"软文"，就是指通过特定的概念诉求，以摆事实讲道理的方式使消费者走进企业设定的"思维圈"，以强有力的针对性心理攻击迅速实现产品销售的文字模式。相对于硬广告而言，软文营销可以将产品或服务信息以"润物细无声"的方式传递给消费者，其本质是一种内容营销方式，即在一些其他类型的文章里含蓄地表达广告内容，通过撰写形式多样、丰富有价值的内容来吸引消费者，潜移默化地感染消费者，让产品和服务的特点逐渐渗透到消费者心中，而不是通过广告来直接诱导销售。

　　企业要想做好软文营销，需要注意几个关键点：

　　第一，吸引眼球的标题。任何软文的撰写首先需要有一个画龙点睛、吸引人眼球的标题，在保证标题与文案内容契合的情况下，有创意的标题才能够激发消费者强烈的好奇心，从而吸引他们继续看下去。

　　第二，紧跟时事的热点。软文内容必须紧贴当下的热点问题或重大事件，引起用户的广泛关注，从而实现广泛的宣传。

　　第三，清晰美观的排版。优美的排版会给用户带来视觉享受，从而增加用户对企业或产品的认同感。

　　第四，巧妙植入的广告。企业要自然巧妙地将产品广告信息与文案内容合为一体，避免生硬。

　　第五，媒介平台的精选。企业需要针对消费者的群体特性挑选利于传播的平台，最好是知名度高且用户多的平台，增强消费者对产品广告信息的信任。

　　以蓝月亮品牌为例，企业在社交媒体上发布了一篇名为"一句话让你爱上洗衣服"

的软文。此文转载了一位消费者的使用经历和评价，"洗出来的衣服像妈妈亲手洗的一样"，成功地利用了消费者的真实反馈，让更多的消费者对蓝月亮品牌产生了信任感和好感。

课堂讨论

你还知道哪些有名的软文营销案例？营销过程是怎样的？取得了什么样的营销效果？请你进行分享。

2.7　互动营销

新媒体相较于传统媒体，最大的特点就是互动性，强调互动双方的共同行为。企业在互动营销中，需要抓住用户和企业之间的利益共同点，找到巧妙的沟通时机和方法，让用户参与到产品及品牌的营销活动中，将用户的意见和建议用于产品的规划和设计中，拉近用户与企业的距离，以达到互助推广、营销的效果。

互联网形成现实与虚拟有机结合的互动平台，双方摆脱时空阻隔，进入同一情境，获得用户实际需求、真实反馈和评价，切实实现商品的实用性。互动营销能够促进相互学习、相互启发、彼此改进，尤其是通过"换位思考"带来全新的观察问题的视角，实现用户利益最大化，如质量稳定可靠的产品、便捷快速的物流系统，以及对用户心灵的感化和关怀。互动营销最大的好处就是可以促进消费者重复购买，有效地支撑关联销售、了解消费者的真正痛点、建立长期的客户忠诚、实现消费者利益最大化。因此，一个企业要想发展，需要精准的互动营销。互动营销的步骤如图 2-8 所示。

01　建立起顾客"关系"

03　深入采集分析

02　构建"粉丝"互动渠道

图 2-8　互动营销步骤

互动营销的特点主要包括以下三点。

2.7.1　互动性强

互动营销分为线上交流和线下交流，可以采用 AI 技术、趣味玩法等营销策略，包括但不限于小游戏、签到任务、抽奖盲盒等。线上互动可以用有奖签到、互动游戏，如上传故事或照片等方式，吸引用户的注意和兴趣。

2.7.2　时效性强

通过借助热点事件或通过造势进行，如社会热点事件、节日、节气来推动营销。

2.7.3　营销性强

互动营销的目的就是吸引消费者的眼球，企业通过设计让消费者眼前一亮的营销活动，结合营销互动玩法，如抽奖、趣味打卡，展开基于共同兴趣的高价值社交，从而快速推广宣传产品。

综上，采用互动营销可以帮助企业更加精准地找到目标客户，避免较高的营销费用。此种模式颠覆了传统企业在4P上的营销思路，更加注重与消费者的互动沟通，通过分析用户的消费特征和消费倾向，建立双边需求来达成良性的营销增长。因此，开展互动营销是企业获得长期、优质发展的必经之路。

课堂讨论

你还知道哪些有名的互动营销案例？营销过程是怎样的？取得了什么样的营销效果？请你进行分享。

点亮智慧

企业在受益于互联网的快速发展的同时，也面临着巨大挑战。营销人员如何在成本低廉、效率更高的营销环境中更好地开展营销活动，成为新媒体时代下的当务之急。在这个环境中，营销模式也不断地进行变革。企业通过一些效果较好的病毒营销、口碑营销、饥饿营销、场景营销、事件营销、软文营销、互动营销等经典模式的运用，可以持续输出价值，聚拢用户，更好地推动企业与用户之间进行深度沟通，使"粉丝"认同品牌的价值观，构建良好的关系，从而获得销量的提升。

小试牛刀

根据新媒体营销经典模式的相关知识，请以小组为单位（3～4人一组），完成以下探究活动：

A公司主营业务是销售婴儿推车，结合"六一"儿童节，紧扣婴儿推车的消费群体及产品特点，选择适合新媒体营销的模式设计销售方案，开展营销推广，扩大宣传效果，为"六一"儿童节促销活动预热。

任务3　新媒体营销的精准定位

知识直通车

定位的本义是指确定方向或界限，是一种在拥挤的市场上与目标客户进行沟通的工具。在新媒体营销市场，企业要想获得或保持竞争优势，就需要做好精准定位。"定位"一词最早由美国的营销专家艾·里斯和杰克·特劳特提出，是指对企业产品和竞争对手产品进行深入分析，针对用户画像确定产品或服务与众不同的优势或在消费者心目中所处的独特地位，并将营销信息精准投放给目标用户，切实提高产品或品牌综合竞争力的动态过程。做好新媒体营销的前提是做好定位，通过定位使企业产品能够在目标消费者心中占据一个独特的、有价值的位置，才能使新媒体营销更加有的放矢。

3.1　用户定位

用户定位是新媒体营销与运营前必不可少的环节，只有通过大数据捕捉动态信息，借助标签化、信息化、可视化的属性，构建完整的用户画像，精准定位目标用户，清楚用户需要哪些服务，才能更好地进行营销计划的制订与实施，使营销的效果最佳。

3.1.1　了解用户属性和用户行为

1. 了解用户属性

用户属性是指用户的不同分类属性，包括性别、年龄、身高、职业、住址等基本信息。不同属性的用户在心理需求、生活习惯和消费行为上都会千差万别。了解用户属性有利于对用户进行归类，帮助企业定位与企业品牌属性契合的用户，了解用户对产品的功能或服务的需求，有针对性地根据用户属性来制订营销计划。

2. 了解用户行为

用户行为是指用户选择某种内容的主观倾向，表示用户愿意接受某种事物的意愿。如用户在新媒体平台的搜索、浏览、评论、点赞、购买等都属于用户行为。企业可以通过调查问卷、有奖问答、实地探访等方式进行调查研究和分析，了解用户在不同时间、不同场景中，行为是如何发生变化的，并有针对性地根据用户的行为来调整产品定位。

（1）环境因素。环境因素包括自然环境因素和社会环境因素，能对用户行为产生影响，使其随环境的变化而变化。

（2）产品因素。产品因素包括产品的价格、质量、外观、使用感受、服务和蕴含的情感价值等，产品因素的调整会影响用户的购买行为。

（3）用户个人及心理因素。用户个人及心理因素包括购买能力、兴趣习惯、心理偏好等。

3.1.2　构建用户画像

用户画像最早由阿兰·库珀（Alan Cooper）提出，他认为用户画像是真实用户的虚拟代表，是方便企业进行用户定位的高效工具。用户画像主要有人口属性、心理现象、行为特征、兴趣偏好、社交属性 5 个维度。

随着互联网的发展，用户画像又有了新的内涵，即根据用户属性、用户行为等信息而抽象出的一种标签化的用户模型。构建用户画像，企业首先需要收集和分析用户属性与用户行为等相关数据，初步确定目标用户，建立基本的用户画像模型；然后按照同类性原则整理和分析数据；再提炼出共同的重要特征，形成用户画像框架，按照重要程度进行排序；最后丰富和完善企业用户群体信息。

3.2 价值定位

价值定位是指企业在明确界定了用户的需求后，确定如何提供每一细分用户群独特偏好的产品或服务的筹划，从而在功能价值、体验价值、信息价值和文化价值等方面为消费者提供其需要的核心价值。价值定位的步骤如图 2-9 所示。

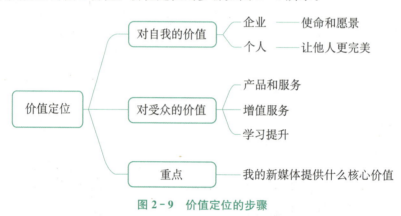

图 2-9　价值定位的步骤

3.2.1　对自我的价值

企业开展任何一种新媒体营销活动，都是为了传递价值，把自己的专业领域研究成果分享给需要的人，也是为了让更多的用户认同企业的理念和愿景。比如小米"为发烧而生"就是向一大批黑科技粉丝传递企业的科技创新理念。

3.2.2　对受众的价值

新媒体营销就是站在消费者的角度，找到企业自身的价值升维点，从各种增值服务上传递更多的正能量。比如空调企业提供免费上门清洗过滤网的服务，电动车企业提供突发没电拖车服务，这些都属于增值服务的部分。如果企业对受众的价值再进一步深入挖掘，则是在宣传的时候将最新理念、技术等传达给受众，给他们提供更多的学习机会。如南方消费者对空调的制热功能没有太多需求，而是需要制冷，此时企业可以介绍制冷效果好的空调，最终让消费者基于需求而更理性地选择产品。

3.2.3　价值定位的方法

企业进行价值定位时，对外可以对标行业标杆，对内可以挖掘自身优势。

（1）对标同行业竞争者：企业找出同行业的标杆，分析其优势和弱势，再将自身的产品或服务对标行业的价值，体现差异化。在行业的功能方面做出差异，实现价值升维。例如，OPPO手机的广告语是"充电5分钟，通话两小时"，这个独特定位给用户留下了深刻的印象。

（2）寻找自身的优势或强项：企业明确自身优势后，找到用户的价值诉求，就能用产品的独特功能或增值化服务解决用户的痛点。如口香糖的生产和营销，大部分企业聚焦于美白、清新口气，有一款口香糖则定位于司机专用口香糖，专门添加了强力薄荷脑，当司机长途开车犯困的时候吃上一片，瞬间清醒。这便是企业利用自身敏锐的商业判断力，塑造出产品的独特价值，并对其进行重点宣传，最后借助用户的评价进行价值定位。

败光2个亿、列入失信名单！又一网红餐饮倒闭

2012年"黄某吉"这个名字在镁光灯下风光无限，从诞生之日起，黄某吉就牢牢地抓住了互联网营销，不断制造话题并获得了机构投资的追捧。这个曾经鼎鼎大名的网红店，估值一度高达12亿元人民币，现如今却因为未支付货款而被列入了失信执行人名单。

黄某吉的营销事件，至今都是互联网圈的经典案例。其煎饼果子包装设计精美，文案撰写吸引眼球，店面内部装潢高档新奇、充满情怀，墙上随处可见互联网大咖们的名人名言，"在这里，吃煎饼，喝豆腐脑思考人生"。仿佛吃一次煎饼，人生价值就能迅速得到升华。黄某吉各类营销活动也是层出不穷，借助互联网进行导流。创始人通过在微博发起活动、互动，在线上聚集粉丝，在线下门店消费粉丝，同时凭借"老板娘开奔驰送煎饼果子""外星人讲课"等段子在微博上引起疯狂刷屏。

各式各样的噱头或营销事件让黄某吉获得了媒体大量的曝光量、博得了高点击量，但关键是未能够提供"超越顾客的期望"的产品，关注流量并未转化为实际的客流量。在微博上很多顾客留言企业很不走心，空有花式营销，却没有产品品质的支撑，普遍反映多数产品不行，味道远不如公司楼下的煎饼。但是对比当时北京地区普通白领的中饭预算15～25元，黄某吉的煎饼居然卖到30元显然是远远高出市场价格。煎饼本是一种平民化的食品，即使顾客再注重情怀，也难以支撑如此高昂的价格，且黄某吉配送支撑能力较弱，最终惨遭失败。

想一想，练一练：

1. 黄某吉从爆红到倒闭，其失败的原因是什么？
2. 互联网餐饮品牌如何走出困境？

3.3 内容定位

3.3.1 内容的表现形式

1. 文字

文字是工具，赋予它什么样的动机，它就能实现什么样的作用。不同的文字富有不同的生命力,文字的传播与传递,正是情感的表达与记录,因此以文字形式呈现的新媒体内容能够忠实地反映它的使用者意欲何为,同时可以快速引起消费者的情感共鸣。我们生活中常见的采用文字形式的媒体平台主要有微博头条、微信公众号等。不同的文字撰写角度和技巧,营销效果也会有天壤之别。

2. 图片

在新媒体语境下,图片具有更强的视觉冲击力,美图可以诱发消费者点击的欲望。在快节奏的生活中,消费者很难静下心来仔细阅读长篇大作,而图片能够营造一种轻松的阅读环境,同时给消费者更广阔的想象空间。

3. 视频

随着5G时代的到来,短视频如同雨后春笋般蓬勃发展,由于其内容丰富多彩且生动有趣,能够让用户产生代入感,快手、抖音等平台短视频营销吸引了越来越多的用户关注。现在,视频已成为目前主流的新媒体内容表现形式,因此短视频制作要不断完善,进一步加强原创性和文化内涵,促进视频内容多元化、题材广泛化、营销个性化,实现有温度的精准营销。

4. H5

H5是一种新型的移动社交营销工具,即互动式的多媒体广告页面,增加了与用户的互动。H5的各种触控滑动点击、摇一摇、重力感应、环境感应等,都会和设计形成互补关系,给用户带来新的体验。因此,H5凭借简单快捷、灵活炫酷的特性吸引了大批用户认可和使用。尤其在碎片信息巨量的情况下,H5适合碎片化的阅读。作为一种比较新型的内容表现形式,H5以图片+文字+音乐的组合进行展示,不仅制作流程简单,而且能呈现出多变的画面形式,传播效果显著。H5主要适用于互动活动、海报宣传、CRM式管理、商业促销等活动中,如图2-10所示。

图 2-10 《我是黄河文明唤醒师》H5 案例

3.3.2　内容定位的原则和流程

在新媒体时代，企业要想获得竞争优势，优化营销效果，内容是着力的基础。内容的表现形式较多，内容素材包罗万象，要打造出符合用户需求和爱好的内容，营销者需要遵循以下 4 大内容定位原则，即内容保证高频输出、符合产品或品牌的定位、符合营销目的、满足用户需求，如图 2-11。在定位过程中，瞄准目标用户，选择营销方式、确定营销媒介、策划媒介内容、打造内容亮点、设计转化入口，最后进行追踪和反馈效果。

内容保证高频输出　　01　　内容符合产品或品牌的定位

04　　　02

内容符合营销目的　　03　　内容满足用户需求

图 2-11　内容定位的原则

温馨提醒

在内容定位过程中，要避免什么内容火做什么、内容输出的节奏太快或太慢，以及营销目的太强。

⊙ 点亮智慧

在新媒体营销中，企业通过在新媒体平台上发布具有广泛影响力的内容来吸引用户参与到具体的营销活动中。企业要做好营销定位，策划营销活动时要注意使用营销的核心法则，采用恰当的定位方式进行全面、立体、精准的营销，才有可能达到预期的营销效果。

首先，要充分了解自己所在行业的情况，了解自身产品特点，再根据这些内容有针对性地对用户的产品和服务进行定位，提高用户的认同感和忠诚度。其次，还要从目标需求的角度来体现服务的差异化，突出与竞争对手之间的差异，最终打造出属于自身的特色服务，在用户心中形成独特的心理烙印。因此，通过探究营销的定位方式，进一步掌握新媒体营销人员的职业核心技能。

⊙ 小试牛刀

某婴儿推车品牌在对当代年轻父母群体进行调研后发现，当代年轻父母非常注重婴儿推车的舒适性和便携性，希望能够购买到集时尚、安全、舒适为一体的优质婴儿推车。

任务要求：

任务一：确定婴儿推车广告内容的表现形式。

任务二：完成内容素材的收集和整理。

任务三：组织内容信息，按照内容定位的流程对内容进行策划和包装，并打造内容的亮点。

匠心荟萃

这是一个多元营销与变革的时代，各种各样的营销模式与方法充斥市场。新生活方式的变化，必然带来新营销方式的变化。在项目二的学习中，我们共同学习了新媒体营销的核心法则、新媒体营销的经典模式及新媒体营销的精准定位。在掌握了基础理论的同时，结合企业项目，探究了运用经典模式开展新媒体营销，借助精准定位方式占领消费者的心智，从而建造属于自己的流量池。

请结合本项目的学习表现，完成下述学习评价：

学习目标	内容	优	良	中	差
知识目标	1. 能说出新媒体营销的核心法则				
	2. 能举例说明新媒体营销的经典模式				
	3. 能罗列新媒体营销精准定位的内容				
技能目标	1. 能够灵活运用核心法则开展新媒体营销				
	2. 能够准确运用各类经典模式进行新媒体营销				
	3. 能够选择可行的定位方式开展新媒体营销精准定位				
素养目标	勇于创新，培养新媒体营销思维				
学习总结与收获					

巧思妙练

【单选题】

1. 下列不属于新媒体营销的核心法则的是（　　）。

A. 趣味法则　　　　　　　　　　B. 互动法则

C. 个性法则　　　　　　　　　　D. 价格法则

2. 某企业策划商品营销活动，决定实施限时限量销售，此策略属于（　　）策略。

A. 互动营销　　　　　　　　　　B. 场景营销

C. 事件营销　　　　　　　　　　D. 饥饿营销

3. 某微信公众号通过发布情感式、故事式、正能量式等的文章，使用户进入商家的"思维圈"，将产品信息在不知不觉中传递给用户，以期取得"润物细无声"的效果，此方式属于（　　）策略。

A. 软文营销　　　　　　　　　　B. 互动营销

C. 场景营销　　　　　　　　　　　　D. 跨界营销

4. 海信空调联合宝宝树发起"母婴关爱全国行"直播活动，该活动的目的是打开海信空调的母婴市场，满足家电市场上的母婴健康新需求。此营销方式属于（　　）。

A. 事件营销　　　　　　　　　　　　B. 情感营销

C. 跨界营销　　　　　　　　　　　　D. 知识营销

5. 新媒体营销与传统媒体营销的一个重要区别就是新媒体营销具有（　　）。

A. 互动性　　　　　　　　　　　　　B. 趣味性

C. 价值性　　　　　　　　　　　　　D. 娱乐性

【多选题】

1. 新媒体营销的核心法则有哪些？（　　）

A. 个性法则　　　　　　　　　　　　B. 便捷法则

C. 互动法则　　　　　　　　　　　　D. 趣味法则

E. 利益法则

2. 新媒体营销的经典模式包括哪些？（　　）

A. 病毒营销　　　　　　　　　　　　B. 饥饿营销

C. 互动营销　　　　　　　　　　　　D. 场景营销

E. 线上营销

3. 在内容定位过程中需要避免什么？（　　）

A. 什么内容火做什么　　　　　　　　B. 广泛营销

C. 营销目的太强　　　　　　　　　　D. 内容输出的节奏太快或太慢

4. 场景营销中的三要素包括哪些？（　　）

A. 时空　　　　　B. 情景　　　　　C. 交互　　　　　D. 价值

5. 用户画像主要有哪些属性？（　　）

A. 人口属性　　　　　　　　　　　　B. 心理现象

C. 行为特征　　　　　　　　　　　　D. 兴趣偏好

E. 社交属性

【简答题】

1. 新媒体营销的核心法则是什么？

2. 简述新媒体营销的经典策略，并举例说明自己最感兴趣的一种营销策略。

3. 如何进行新媒体营销定位？

【综合实训题】

以小组为单位，分工合作完成婴儿推车"六一"儿童节促销活动的策划及实施，具体要求如下。

1. 任务背景：

A 公司主营业务是设计及销售婴儿推车，为迎接"六一"儿童节大促，希望通过新媒体营销扩大宣传效果，预热"六一"儿童节促销活动，提升销量。

2. 实训任务：

微信营销策划。确定微信营销主题，制订营销计划，设计营销方案，并填写下表。

序号	项目	要求
1	确定营销目标	通过收集该企业的背景及产品信息，了解该企业的发展现状与发展目标
2	进行用户定位	收集目标用户信息，了解用户属性与购买行为，通过信息数据分析绘制用户画像，进行用户定位
3	营销方案	列举营销活动，说明营销策略，制定营销方案

微博营销：实现粉丝高黏性和互动性

学习目标

● **知识目标**

1. 能归纳微博营销的推广方法；
2. 能总结微博营销的内容设计技巧；
3. 能说出开展微博营销活动的方法。

● **技能目标**

1. 能够选择合适的推广方法进行微博营销；
2. 能够合理利用微博内容的编写技巧设计微博营销内容；
3. 能够策划微博营销活动。

● **素养目标**

1. 树立合作意识；
2. 敢于创新，培养网络经济时代的微博营销思维；
3. 增强法律意识，在使用互联网的过程中遵循相应的法律法规；
4. 在内容策划时注意弘扬社会主义核心价值观。

知识框架图

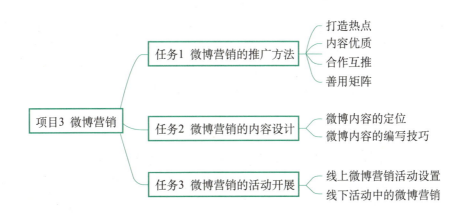

项目导入

微博（Micro-blog）是指一种基于用户关系并且通过关注机制实现实时信息分享、传播以及获取的广播式的社交媒体、网络平台，可以以文字、图片、视频等多媒体形式，实现信息的即时分享、传播互动。

新浪微博自 2009 年 8 月上线以来，用户量就一直保持爆发式增长。2010 年 10 月底，新浪微博注册用户数超过 5 000 万。2014 年 3 月 27 日，新浪微博正式更名为微博；2014 年 4 月 27 日，微博在美国纽约纳斯达克上市。2024 年 11 月 14 日，微博的月活跃用户数达到 5.83 亿，日活跃用户数达到 2.56 亿。作为重要的社交媒体平台，微博用户的每一次互动行为背后都潜藏着巨大的商业价值。因此，通过微博营销接触用户，已经成为企业或品牌商的常见做法。

课堂讨论

1. 你有微博账号吗？发过微博吗？内容是什么？
2. 你知道或者接触过哪些微博营销活动？请简单介绍。

典型工作任务

◎ 职业情境

A 公司主营业务是销售本地特色农产品，为推广公司品牌、塑造品牌形象，希望通过微博营销扩大宣传，提高品牌影响力。

◎ 任务分析

结合国家全面推进乡村振兴的背景，紧扣农产品品牌打造，在明确微博营销推广方法的基础上，掌握其技巧，并挑选合适的微博营销方法开展品牌推广活动。

◎ 素养园地

民族要复兴，乡村必振兴，乡村振兴对于全面建设社会主义现代化国家具有重要性。农产品品牌打造对乡村振兴有非常重要的意义，品牌打造不仅有助于当地特色农产品走向老百姓餐桌，缩短从田间地头到老百姓餐桌的距离，也能够让更多人了解当地特色产品。品牌打造还可以助力当地生产力提升，帮助当地龙头企业向全国销售农产品，从而更好地推动乡村振兴，繁荣农村经济，加快社会经济现代化的发展。

◎ 头脑风暴

你将如何开展任务探究，以便更好地完成微博营销的工作任务？

▶ 任务 1　微博营销的推广方法

◎知识直通车

微博营销是指通过微博平台为商家、个人等创造价值而执行的一种营销方式，也是指商家或个人通过微博平台发现并满足用户的各类需求的商业行为方式。微博营销以微博作为营销平台，每一个用户（粉丝）都是潜在的营销对象，企业利用更新自己的微博向网友传播企业信息、产品信息，树立良好的企业形象和产品形象。企业每天更新内容就可以跟大家交流互动，或者发布大家感兴趣的话题，以此来达到营销的目的。

1.1　打造热点

热门话题是微博的特色功能，也是最能引起用户关注的内容。一个充满"爆点"的话题可以使营销事半功倍。

1.1.1　微博话题

话题是微博上的热点、个人兴趣等内容的专题聚合页面，是微博中非常重要的一种兴趣主页。用户可以进入话题页面参与讨论，同时话题页面也会自动收录含有该话题的相关微博。话题标签采用"♯"来表示，用两个"♯"围住主题词即可表示话题，如"♯花海打卡地♯"。

用户可以参与已有的话题，并与其他用户互动，也可以自己创建新话题。创建话题或参与话题互动的方式很简单：进入"发微博"界面，点击"♯"按钮，出现输入话题的界面，如输入"舌尖上的中国"，选择确定后即可在内容前面显示"♯舌尖上的中国♯"，在后面输入要发送的内容并发布即可，如图3-1所示。内容发布后就已经参与到"♯舌尖上的中国♯"的话题讨论中，点击"♯舌尖上的中国♯"即可进入话题讨论界面，与其他用户一起讨论互动。

1.1.2　微博话题营销的技巧

1. 强互动性

话题的互动性要强，同时参与的门槛不能太高，这样才能提高用户参与的兴趣和积极性。例如，制造共鸣就可以很好地激发用户互动。人们在生活中总是会寻找共同话题，在微博上讨论时也是如此，与大众生活相关的话题一般都很受欢迎，类似的经历或情感上的共鸣，都可以引起大众的广泛讨论和传播。

例如，2023年1月14日，京东官方微博发起话题"♯京东春节贺岁片今日上映♯"，并发布了以回家为主题的微电影《二十公里》，用户纷纷在话题内分享自己的回家过年之路，诉说想家的温情，使该话题获得了大量的曝光，如图3-2所示。另外，话题结合抽奖活动也可以激发用户互动，带来二次传播，从而积累人气，如图3-3所示。

#舌尖上的中国# 广西忻城古法红糖传统农家小作坊

图 3-1　创建微博话题

京东 V

1月14日 10:03 来自 微博视频号 已编辑

#京东春节贺岁片今日上映# 由李蔚峰导演，@酷酷的滕 主演的京东春节贺岁微电影《二十公里》，今日正式上映！快来一起围观他的回家之旅吧！酷酷的滕已经到家，你出发了吗？在乎你的人，在等你回家。#过年还得是京东# 京东的微博视频

图 3-2　强互动性话题

蜜雪冰城 V

1月20日 14:00 来自 新版微博 weibo.com 已编辑

【转+关 | 抽金雪王】你的新年愿望准备好了吗？#蜜雪新年有好礼#
即日起至1月28日，关注+转发带话题#蜜雪新年有好礼#，说出你的新年愿望或祝福，
1月29日抽1位蜜粉儿送实心金雪王，快让心愿飞起来吧~ 抽奖详情

点击➡进入抽奖合集

图 3-3　话题结合抽奖

2. 形成固定栏目

对于日常运营中经常发送的某类内容，运营者可以单独设置一个话题，使其相当于官方微博的一个固定栏目。这样就可以增加这类内容的辨识度，用户只要进入该话题，就可以看到相关内容，从而吸引用户形成互动。例如，京东的官方微博将旗下的多个活动话题聚合在微博主页上，让用户一进入其主页就可以看到。感兴趣的用户可以点击进入话题详情页，查看话题的相关内容，如图3-4所示。

图 3-4 话题形成固定栏目

3. 借助微博热搜

微博热搜就是指微博热搜榜，只要某个事件或者词语的搜索量高，其相关关键字就会成为微博热搜。微博热搜本身就具有非常高的阅读量和讨论量，许多用户时刻关注着某个热搜的发展方向。

运营者可以在微博热搜榜中查看实时的热门事件或词语，单击某一个热搜可查看具体内容。运营者结合自己的产品或服务，写一段与微博热搜相关性较高的内容并带上该热搜话题，可以使关注热搜本身的用户加入对产品或服务的讨论，扩大营销信息的传播范围。例如，某电视剧登上了热搜，某美妆品牌就借助该微博热搜与知名"大V"合作，让其创作了一段与热搜相关性较高的内容并带上该热搜话题，同时配以美妆教学视频，营销自己的产品，借助微博热搜开展营销，如图3-5所示。

图 3-5 借助微博热搜

借助微博热搜开展营销的关键是热搜的选择，一个充满"爆点"的热搜可以使产品或品牌的营销事件事半功倍。一般来说，正能量、积极、有趣的热搜比较适合作为营销的切入点。如果没有比较合适的热搜，营销者还可以围绕产品或者品牌的主推关键词、营销活动来创建热搜话题，然后号召用户评论、点赞和转发，让自己创建的话题进入微博热搜榜，从而引起更多用户的关注，增加产品或品牌的曝光量。

 案例分析

运动员代言品牌成热潮

小米官宣首位闯入奥运会男子百米决赛的中国运动员苏炳添为品牌代言人后，苏炳添代言小米品牌一个话题热度就高达 2.5 亿，讨论 4.5 亿。小米获得了苏炳添的流量红利。马龙、许昕等运动员入驻社交平台，获得了媒体及商业价值的进一步放大。

想一想，练一练：

1. 小米公司使用了什么营销技巧获得了成功？
2. 小米公司在微博营销中可以创作什么话题来吸引粉丝的注意？

1.2 内容优质

好的微博营销，一定是内容为王，依托于对内容的深耕优化。输出内容时，首先确定好领域，不要频繁地改变主题，如果一段时间发布服饰相关的内容，另一段时间又发布美食相关的内容，粉丝会找不到你的主题，无法进行持续关注。所以，一旦选择好了领域，就不要轻易改变，做好一直输出该领域内容的准备。

1.2.1 优质微博内容应具备的特点

1. 简练精要

在快节奏的时代环境下，现代人的阅读习惯是碎片化的，人们倾向于阅读那些能够在短时间内获取信息、不需要自己分析和总结的文章。因此，在创作微博内容时，最好做到短小精简、言简意赅、通俗易懂，用浅显直白的文字来表述文案要传达的意思，让人一目了然。微博早期的内容限定为 140 字以内，后来为了满足部分用户的实际需要，微博将内容字数限定为 2 000 字，但大多数微博内容仍然走简单化路线，字数不多。图 3-6 所示为小米手机上新预热的活动内容。该微博内容简洁明了、浅显易懂，受众很容易就能接收到此次活动的信息。

2. 互动性强

如果微博的内容有很强的互动性，引起受众的参与兴趣，并让受众拥有成就感或感受到互动的乐趣，受众就有可能成为你的忠实粉丝，这将有助于增强微博内容的后续转化率。图 3-7 所示为红米手机官方微博发布的微博内容，此条微博通过活动向粉丝发出邀请，转评回答就可抽送 1 台手机，吸引了 4 万多条评论，6 万多转发，24 万多点赞。

这就是互动的一种方式，是吸引用户目光、增加粉丝的一种有效的手段。

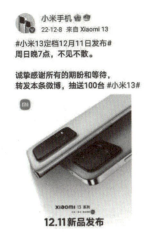

图 3 - 6 小米手机上新预热活动内容

图 3 - 7 红米手机与粉丝互动微博内容

3. 趣味性强

许多网络流行词汇、表情包、热点话题等，大多以微博为源头。在这样一个丰富多彩的交流环境中，微博文案具有趣味性的特点毋庸置疑，具体表现在语言的个性化和配图的丰富性上。很多时候微博内容都会带上各种各样的话题如♯减肥季♯、♯佛系♯等，流行词如"安利"、"打 call"及表情符号的运用。同时，微博的内容不仅仅只有文字，而是多为短视频、普通图片、长图、GIF 动图、表情包图片、超链接等的组合，形式丰富、趣味性强，如图 3-8 所示。

图 3 - 8 趣味性强的微博内容

📋 课堂讨论 ▋▋

1. 请大家查看微博热搜榜，在前 10 个热搜内容里，你最感兴趣的是哪个话题？为什么？

2. 分析前 10 个热搜的内容，分别说出这些微博内容的特点。

1.2.2　微博内容准备

1. 建立选题库

运营时间一长，很多人就不知道更新什么内容了，或者不断更新重复的内容，再或者断更，这都是因为没有建立选题库。运营者平时可以多关注同行，多拆解同行发布的内容。同行做的某个选题成为爆款了，运营者也可以跟着去做，还可以多关注热搜，多跟热搜"蹭流量"。这样选题才会源源不断，而且受欢迎。

2. 建立素材库

有了选题，还需要准备很多素材，如金句、故事、图片、视频等。想要做好微博营销，平常要注意身边的各种事件、网上的热点事件，阅读和收集各种资料和图片，建立素材库，以便在需要的时候调用。

1.2.3　撰写优质微博内容

优质的微博内容就是那些能够促使用户不由自主地转发以及能够吸引新的粉丝的内容。下面介绍四种在微博上有吸粉特质的内容。

1. 干货

干货之所以会受欢迎，是因为它真正给关注的用户带来利益和价值。只有关注的用户在关注你的微博时能不断获取有价值的内容，关注才有意义。

目前，微博平台上的干货内容主要分为三类：专业内容科普、实践经验分享、合集分享。

专业内容科普有一定的专业门槛，需要由有一定专业背景的人撰写。例如，法律知识科普、医学常识、心理健康咨询等知识由比较专业的人去撰写会更有说服力。

实践经验分享要求分享人拥有一定的实践经验，这样才能写出既实用又能让用户产生共鸣的内容，如旅游、穿搭、美妆等日常生活类的内容。

合集分享要求分享人拥有一定的用户基础，合集内容覆盖范围较大，如著名电影合集、美味零食合集、必去网红打卡地合集等。

为了增加干货的可读性和传播性，下面介绍四种适合发布干货内容的微博内容发布方式。

（1）九图干货。九图干货在微博上是非常好用的内容发布方式。因为统一的图片风格不仅能给用户带来强烈的视觉冲击力，而且相对视频来说更直观，更容易传播，如图 3-9 所示。

（2）长文干货。长文干货对运营者的专业度要求非常高。好的长文干货是非常吸粉的，它需要一个好的文章封面。运营者应该在封面用"主题＋文案"的形式概述整篇文章的重点内容，这样做更容易让用户了解长文的关键信息，增加其阅读长文的兴趣。

（3）短视频干货。短视频的优点在于可以更加清晰地表达细节，尤其是教程类的干货，如图3-10所示。运营者在发布短视频时要注意以下两点：

1）视频封面。一个好的视频封面可以提高视频的点击率。

2）视频时长。微博视频的时长一般为3～5分钟，运营者要注意视频的完播率。

图3-9　九图干货微博

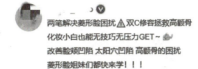
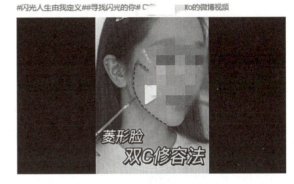

图3-10　短视频干货微博

（4）问答干货。问答干货相较于前3种干货更有针对性，吸引的用户更精准，如图3-11所示。运营者发布干货时要注意以下两点：

1）参与门槛不能过高。参与门槛过高容易影响问答的热度。

2）话题要带讨论性。话题最好带一定的讨论性，也可以结合热门话题去设置问答。

2. 热点

微博热点是很多用户都在密切关注和跟踪的内容，有时一个热点就可以引起全网热议。图3-12所示为微博热搜实时排行榜。对运营者来说，跟踪热点有两个显著的优点：一是可以培养对热点的敏感度，活跃思维。通过对微博热点内容的跟踪，运营者可以培养自己对微博热点的敏感度，学会更有效地抓住热点。二是提高用户的阅读量，达到自然涨粉的目的。热点是全网都在关注的内容，关注热点很容易拥有爆款流量，引起更多用户关注，从而更容易提高账号的权重。

借势热点，运营者不仅需要做到及时、精确，还需要注意寻找高热度的话题，输出的内容要能引起粉丝的关注。运营者在"蹭热点"的过程中，要设计能引起粉丝关注、转发、互动、点赞的内容。

3. 美图

用户很容易被美图吸引，持续发布美图也是运营微博的一个方向。

（1）展示才华。展示才华比较适合有才华的博主，如书法、手工制作类、绘画类的博主，他们可以展示绘制或制作过程以及成品，如图3-13所示为展示制作过程。

图 3-11　问答干货微博

图 3-12　微博热点

（2）展示实物。展示实物时多是展示实物的美图，这也会引起粉丝的极大兴趣。运营者坚持发布实物的美图，也能拥有一批忠实的粉丝，如图 3-14 所示。

图 3-13　展示才华微博　　　　　　　　图 3-14　展示实物微博

4. 推荐

推荐是目前微博上"带货力"非常强的一种内容形式，能在一定程度上帮助粉丝节省时间。同时，粉丝因为向往博主的生活，所以很愿意买单。目前，微博上有 3 种比较常见的推荐方式。

（1）测评推荐。真人测评是最流行的一种测评方式。博主通过真人实测，向粉丝推荐，提高了内容的可信度。

（2）教程推荐。教程推荐会让粉丝产生购买博主同款的工具或产品并跟着教程就能做出和博主一样的东西的感觉，所以粉丝的买单意愿会比较强烈。

（3）晒图推荐。晒图推荐与美图非常接近，只是更偏向于"带货"。

借势热点时，运营者在选择热门话题时要注意话题的时效性，不能选择时间太过久远的话题，过期的热点对用户的吸引力不大。另外，微博内容不要强行、生硬地蹭热点，要保证微博内容与热门话题紧密相关，否则会引起用户的反感。

课堂讨论

1. 请分享你喜欢的一个微博，并说说你喜欢这个微博的理由。
2. 你更愿意点击浏览哪种类型内容的微博？

1.3　合作互推

当自身的影响力有限的时候，运营者可以与其他微博博主合作，综合双方或者多方的影响力来获取粉丝。一般来说，可以选择有影响力的微博博主，或邀请微博"大 V"进行合作、发起活动等，借助其影响力快速获取大量粉丝。合作互推的方式有很多，既可以直接@微博账号进行宣传和推广，如图 3-15 所示；也可以利用一些营销活动，将参与活动的条件设置为关注某微博账号，如图 3-16 所示。

图 3-15　@微博账号合作互推

图 3-16　设置条件合作互推

1.3.1　获取和维护微博粉丝

1. 获取微博粉丝

粉丝对微博来说是非常重要的，只有拥有了粉丝，微博营销的内容才会被阅读和传播。下面介绍 10 种增加微博粉丝的方式。

（1）已有平台导流。通过已有的平台账号进行导流换粉。以微信为例，运营者可通过在微信推文中植入微博账号信息、自定义菜单、自动回复等方式进行引流。

（2）平台直播。可以在微博或者其他平台直播介绍微博账号。

（3）问答平台。可以在知乎或者百度贴吧等平台参与讨论、发起话题，顺便提出微博账号。

（4）视频平台。可以发视频，在视频中引导用户关注微博账号。

（5）活动增粉。运营者可以利用关注转发即可参与抽奖、关注即可以参与话题讨论等形式，引导粉丝转发微博，吸引非粉丝用户的关注。

（6）合作导流增粉。跟其他博主联动，互换粉丝，但要求自身账号粉丝过硬。

（7）原创内容增粉。在微博平台上输出高质量的原创内容，可以实实在在地有效增粉。

（8）媒体网站。利用媒体发布新闻或是消息。

（9）线下路演。线下发送传单或者添加粉丝送好礼。

（10）好友推荐。如朋友名片分享等。

2. 维护微博粉丝

比起粉丝的数量，粉丝的质量更加重要。粉丝的质量是指粉丝的活跃度和黏性。如果粉丝不关心博主发布的信息也不参与转发和讨论，那么就不能起到实质性的传播作用。与粉丝互动是维护粉丝、继而提高微博粉丝活跃度和黏性的重要方法。在微博上与粉丝互动的方式主要有以下4种。

（1）评论。评论是指直接在原微博下方回复，评论的内容可以供所有人查看。粉丝可以在微博内容下方发表自己的评论，博主则可以对回复时间早、内容精彩或有趣的粉丝评论进行点赞、回复，拉近与粉丝之间的距离，提高粉丝的积极性。

（2）转发。转发是指将其他用户发布的微博转发至自己的微博中。

（3）私信。私信是一种一对一的交流方式，讨论内容仅对话的双方可以查看。

（4）@提醒。提醒是指通过"@微博昵称"的方式提醒粉丝关注某内容。

课堂讨论

1. 你在看微博时，是否会进行转发或者评论？什么样的内容会引起你转发或评论的兴趣？

2. 除了微博平台，你有在其他平台发现自己喜欢的博主然后关注他吗？请分享是什么平台。

1.3.2 获得微博"大V"转发

微博"大V"是指在微博上获得个人认证，拥有众多粉丝的微博用户。往往他们的一次转发就会使得一条微博迅速火起来。所以，获得"大V"的青睐，得到他们的转发，会增强你的微博账号的影响力。

1. 找到合适领域的"大V"

（1）了解"大V"的基本信息。通过查阅微博账号的基础信息，或其他各种渠道，如微信公众号、百度百科、今日头条等了解"大V"所在领域。若与自己的微博账号为同一领域，自己发布的微博更有可能获得"大V"的喜爱。

（2）了解"大V"的互动习惯。观察"大V"的更新频率、活跃时间段，观察他是否与其他用户互动，互动的方式是怎样的，是点赞、转发，还是直接推荐，弄清楚他分别点赞、转发或直接推荐什么样的微博内容。

2. 与"大V"形成良好的互动关系

（1）长期与"大V"互动，成为"大V"的铁粉。

（2）在"大V"有宣传需求时，帮助"大V"点赞、转发、评论等，为其进行宣传。

3. 获得"大V"转发的技巧

（1）经常给"大V"的话题微博写有质量的评论，一般会引发"大V"的转发。

（2）给"大V"发私信。对于关注你的"大V"，运营者可以通过私信的方式与其沟通是否可以帮忙转发的意向。

课堂讨论

你的微博有关注"大V"吗？你与"大V"有过什么形式的互动？

1.4 善用矩阵

要想提高营销热度，"引爆"流量与销量，打造微博营销矩阵是必不可少的。微博营销矩阵是指根据产品、功能、品牌等不同的定位创建子微博账号。打造微博矩阵账号的目的是通过不同的子微博账号精准有效地覆盖各个用户群体，以实现微博营销效果的最大化。

1.4.1 微博营销矩阵的模式

了解微博营销矩阵的模式，可以帮助运营者打造适合自己的微博营销矩阵，从而提高产品或品牌的曝光度。

1. 蒲公英式

蒲公英式指由一个核心微博账号统一管理旗下多个微博账号的模式。这种模式比较适合拥有多品牌的集团使用。如京东拥有京东家电、京东超市、京东电脑数码等多个子品牌的微博账号。蒲公英式微博营销矩阵可以通过不同微博账号之间的转发，利用整体优势扩大营销信息的传播范围，持续影响用户，加深用户对产品或品牌的印象。

2. 放射式

放射式主要指由一个核心微博账号统领各分属微博账号，各分属微博账号之间是平等的，信息由核心微博账号发给分属微博账号，各分属微博账号之间并不进行信息交互的模式。申通快递开通的核心微博账号和地方微博账号就是放射式微博营销矩阵，如申通快递官方微博和北京申通快递、义乌申通快递等。放射式微博营销矩阵能够扩大营销信息的覆盖范围，缩短信息的传播路径，提高传播速度，适合业务覆盖城市数量多的企业。

3. 双子星式

双子星式微博营销矩阵中存在两个甚至多个核心微博账号，适用于 CEO＋品牌强带动。例如，格力电器公司有官方微博，但其董事长的微博关注度也比较高，这两个微博账号的主要作用都是宣传格力电器，二者形成了良性的互动。双子星式微博营销矩阵要求各个微博账号都拥有较强的影响力，并且不同的微博账号转发彼此的内容时，需要选择符合自身定位的内容，并加入一定的观点和态度，以达到更好地传播营销信息的目的。

1.4.2 微博营销矩阵的打造

不同的微博账号定位不同，所针对的目标用户群体也就不同。这时，建立微博营销矩阵就是一个比较有效的方法，其目的是通过不同的微博账号定位有效地全面覆盖各个用户群体，进行联动运营，以实现微博营销效果的最大化。下面介绍四种常用的建立微博矩阵的方法。

1. 按品牌需求进行建立

大多数企业都有很多产品线，这些产品线所塑造的品牌不同，因此可以直接根据品牌建立微博矩阵。将品牌通过不同的微博账号连接起来，利用矩阵账号进行不同用户流量的相互引导，可以避免用户流失。例如，小米的品牌微博营销矩阵就有小米官方旗舰店、小米商城、小米之家、小米手机官方旗舰店、红米手机官方旗舰店等。

2. 按地域进行建立

对银行、网站、团购等地域因素比较明显的品牌，可以根据地域建立微博矩阵，便于区域化管理。例如，中国建设银行就根据地域建设了建设银行上海市分行、建设银行北京市分行、建设银行深圳市分行等微博子账号。

3. 按功能定位进行建立

根据微博账号功能的不同，可以建立不同的微博子账号形成矩阵。例如，华为官方微博根据功能建立了华为商城、华为开发者联盟、华为应用市场、华为终端客服等不同功能需求的子账号。

4. 按业务需求进行建立

对于公司业务比较多的企业微博来说，可以直接根据业务需求建立微博营销矩阵。例如，阿里巴巴就以提供客服业务的 1688 客户中心、提供培训业务的 1688 中小企业商学院、提供采购业务的阿里巴巴 1688 采购平台以及提供通信业务的诚信通俱乐部 4 个微博账号，打造了覆盖面更广的微博营销矩阵。

◎ 点亮智慧

作为重要的社交媒体平台，微博是近年来人们获取资讯的主要渠道之一，也因其低成本、高效率等特点，微博已经成为商家触达用户的重要营销方式之一。通过任务 1 的学习，我们认识了微博营销的推广方法。为了更好地掌握微博营销，我们学习了如何借助话题营销和打造优质微博内容来推广微博并获取关注，也学习了如何通过外在的力量来助推微博的推广，进一步扩大微博营销的影响力，为成为一名合格的微博运营者打下了基础。

◎ 小试牛刀

根据微博营销的相关知识，请以小组为单位（3～4 人一组），完成以下的探究活动：

1. 上网查阅相关资料，思考除了以上 10 种微博增粉方式，还有哪些方式可以增粉，请小组讨论总结并记录。

2. 在微博上找到一个与农产品销售相关的"大 V"，分析其微博内容，并练习与"大 V"互动的技巧，给该"大 V"的微博写有质量的评论。

▶ 任务 2　微博营销的内容设计

◎ 知识直通车

微博和传统媒体一样，核心都是内容为王。一个微博拥有好的主题和内容，会让后期的推广事半功倍。

2.1　微博内容的定位

扫一扫

微课　微博账号的类型

2.1.1　微博账号的类型

根据使用目的和作用的不同，微博账号主要可以分为个人微博、企业微博、政务微博、组织机构微博和其他微博 5 种类型。了解微博账号的类型，可以帮助营销者在微博中根据不同的账号类型开展有针对性的营销。

1. 个人微博

个人微博是所有微博账号中占比最大的类型，包括专家、名人、企业高层管理、草根、网红达人、大众用户等，图 3 - 17 为一些个人微博的示例。个人微博不仅是个人用户日常表达自己的场所，也是个人或团队营销的主要阵地。个人微博营销基于个人本身的知名度，通过发布有价值的信息来吸引粉丝关注，扩大个人影响力，从而达成营销效果。

2. 企业微博

企业微博是企业的官方微博，通过积累产品或品牌的粉丝进行宣传推广，图 3 - 18 所示为知名企业的官方微博。企业微博一般以营利为目的，企业的微博运营人员会通过微博来增加企业的知名度，为最终的产品销售服务。

3. 政务微博

政务微博是指政府部门为工作之便开设的微博，是用于收集意见、倾听民意、发布

图 3-17　个人微博示例

信息、服务大众的官方网络互动平台，还可以作为群众对党政机关和公职人员的工作进行监督的窗口，如图 3-19 所示。政务微博是汇聚民生、表达民意的平台，不具有营利目的，只是政务机关利用微博随时随地发布信息而不受媒体发布时间约束的一种有效发布信息的渠道。

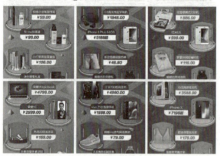

图 3-18　企业微博示例

图 3-19　政务微博示例

4. 组织机构微博

微博信息传播速度快的特点不仅深受个人和企业的青睐，还逐渐受到很多组织机构的欢迎。学校、机构、组织等纷纷开设了自己的官方微博，用于传播信息、促进沟通，在教育教学、危机公关等方面发挥着重要的作用，图 3-20 所示为培训机构和学校的官方微博。

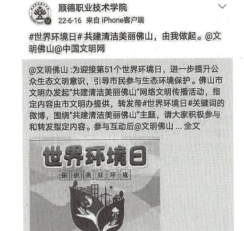

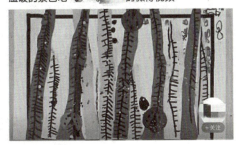

图 3-20 组织机构微博示例

5. 其他微博

有一些具有特定用途和时效性的微博，如为某个重要活动、重要事件、电影宣传、开播预热等特意开设的微博。这类微博不会持续运营，只发挥阶段性的作用，但带来的宣传效果也不容小觑。图 3-21 所示为某电影的官方微博。

图 3-21 电影官方微博示例

2.1.2 微博账号的设置

要用微博开展营销，运营者须对微博账号的基本信息进行设计，打造一个符合品牌定位的形象，才有利于营销工作的开展。

1. 昵称

昵称是微博账号的重要标识，就像人的名字一样。要想让微博账号在用户心中留下深刻的印象，在设置微博昵称时可以遵循以下几个原则：方便记忆、目标明确、有趣、充满个性等。下面介绍5种微博账号昵称的设置方法。

（1）直接命名法。如"京东""唯品会"等，如图3-22所示，适合本身有一定知名度的企业。

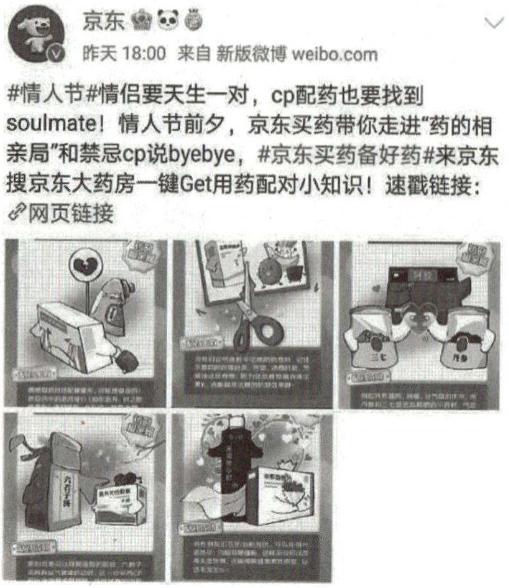

图3-22　直接命名法命名

（2）相似命名法。如"北京城的小某哥""小某哥JKY"等就是以粉丝数量较多的微博账号"疯狂小某哥"为模板来命名的，如图3-23所示。

（3）类目命名法。如"格力电器""荣耀手机"等，如图3-24所示。

（4）形象命名法。指利用拟人、拟物、比喻等形象化的手法，将无形的事情有形化的一种方法，如"电影拆某君""逛吃小某猪"等，如图3-25所示。

（5）抽象命名法。如"是一个行了的李某某""一只蹦蹦跳跳的某物"等，如图3-26所示。

图3-23　相似命名法命名

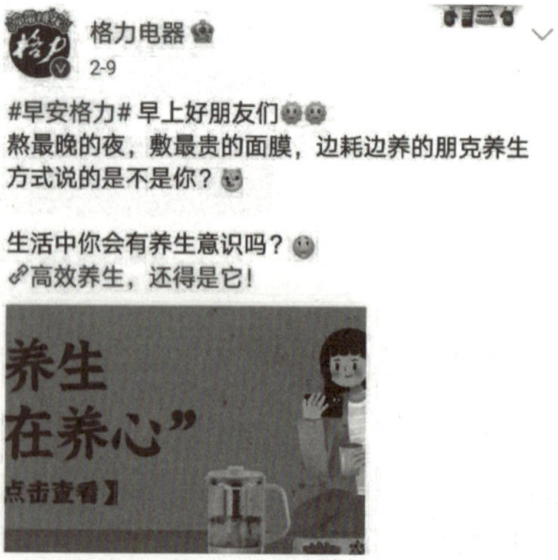

图3-24　类目命名法命名

图 3 - 25　形象命名法命名

图 3 - 26　抽象命名法命名

2. 头像

微博头像决定了用户对微博的第一直观印象，运营者可以通过头像给用户留下深刻的印象，并使用户对微博产生特定的形象认知。个人微博的头像比较随意，可以是清晰的真人照片，也可以是个性化的卡通头像、特殊标志等。但对于企业微博、政务微博、组织机构微博来说，头像最好选择能够代表其形象的事物，如企业标志、政府部门名称、拟人化形象等。

3. 简介

简介是微博账号的名片，有助于其他用户快速了解微博账号的内容定位。微博简介可以简明扼要地表达个人的特长和能力，也可以采用比较有趣的句子，展现微博形象的趣味性。企业在微博账号简介中可以用生动、活泼的语言介绍企业，并简短精练地描述企业的定位等，如图 3 - 27 所示。

图 3 - 27　微博简介

4. 标签

标签是对微博运营者擅长和关注的领域的缩略介绍，不仅可以让用户更好地了解微博账号，还能在用户搜索标签时匹配到对应的微博账号，提高微博账号的曝光量。个人微博添加标签时，可以对自己的个性、特长、爱好等进行展示，吸引具有相同兴趣爱好的目标用户。企业微博、政务微博、组织机构微博的标签内容为其"行业类别"，可设置为描述所在的行业或领域、经营的产品或服务等的关键词。

5. 微博认证

微博认证包括个人认证和机构认证两种类型。认证后的微博头像右下角会有一个"V"字图标，认证不仅可以提高微博账号的权威性和知名度，还能帮助微博账号赢得用户的信任。

（1）个人认证。

个人认证的标识是一个橙色的"V"字图标。个人认证可以基于认证身份，帮助运营者构建个人平台个性化模块，多元化地进行自我展示，同时可使微博账号在搜索页面中获得推荐，提高微博账号的曝光度以吸引用户关注，从而提高其知名度。根据认证领域的不同，个人认证又可以分为图 3-28 所示的 6 种类型。

- 身份认证，即个人用户真实身份确认。
- 兴趣认证，即在微博某一领域持续贡献内容的用户，如搞笑、情感、娱乐、动漫等。
- 金 V 认证，仅针对具有较大影响力的微博用户，代表其拥有成为"超级大 V"的潜力，更容易获得粉丝关注。
- 超级话题认证，是微博特有的内容，认证后有机会成为超级话题的主持人。
- 视频认证和文章/问答认证是微博近几年推出的认证类型，视频认证代表微博账号运营者是视频博主，文章/问答认证代表微博账号运营者是文章/问答博主。

图 3-28　个人认证类型

（2）机构认证。

机构认证也叫蓝 V 认证，认证成功后，微博头像右下方会有一个蓝色的"V"字图标。与个人认证相比，机构认证较为简单，按照"选择认证类型—填写认证信息（或提交认证材料）—审核认证信息—认证结果"的流程进行。

📋 **课堂讨论** ▐▐

请在微博上搜索"蜜雪冰城""五行属二""粤知一二"三个微博账号，了解这三个账号的简介和微博内容，然后思考：如果这三个账号要修改简介，你觉得可以怎么修改？

2.1.3　微博的定位

运营微博，先要定位，才能圈定目标用户，进而展开下一步的推广。微博定位包含目的定位、形象定位和内容定位 3 个要素。

1. 目的定位

明确使用微博的目的是运营微博的前提。总的来说，使用微博的目的可以归纳为以下 3 种。

（1）品牌推广。侧重于品牌的曝光和传播、提高品牌的知名度和影响力。

（2）产品销售。注重产品的推广和销售，内容主要是介绍自己的产品和服务。

（3）内容分享。用于内容分享的微博主要是进行资讯、娱乐、专业知识、情感咨询等内容的分享，目的是吸引粉丝，积累流量。

2. 形象定位

这里的形象指的是微博给用户呈现的第一印象，形象定位主要包括两个方面的内容，即微博昵称和微博头像。具体可参考 2.1.2 微博账号的设置中的详细介绍。

3. 内容定位

内容定位主要是指微博发布的内容要垂直。决定做哪一个类型的内容，就统一做这个类型的内容，不要一天发情感类的内容，一天发影视剧类的内容，一天发美食类的内容，这样用户无法定位你的微博，也无法吸引用户的关注，粉丝的黏性自然也就不高。

怎么确定内容的定位呢？可以从以下两个步骤来进行。

（1）确定更新的内容。

微博运营者可以先对目标人群想要了解的内容打标签，以此来确定微博要输出的内容的关键字。例如，想做一个美妆类的博主，知道自己的受众人群是女大学生，她们的特点是新手、零基础、想化日常妆等。这时候运营者就可以根据这些信息确定自己更新的内容定位是新手类的化妆教程。

（2）确定更新的模式。

运营者可以观察受众人群观看内容的喜好倾向和同行展示内容的方式，以此来确定自己微博更新的模式，并且还能通过对同行的了解对比，找出自己可以突出的特点，为之后的运营打下基础。例如，运营者已经确定好要更新新手类的化妆教程，并且知道受众人群想学习化妆用品的使用、部位化妆手法、整体化妆等内容，并且她们大多数喜欢通过视频的形式观看内容。所以，运营者就可以确定微博的内容用视频的方式输出，视频中真人出镜并且详细输出知识，在封面用化好妆的成品图和关键字吸引用户。

温馨提醒

企业开展微博运营一般以营利为目的，往往是通过微博来提升自身知名度，实现产品销售。企业运营微博时，需要明确微博定位，是做企业新闻窗口，还是做一个有影响力的账号；发布的内容是面向企业用户，还是面向个人用户。但是企业也不要被品牌和产品的用户群体所限制，微博平台本身有自己的用户群体特性。例如，某企业微博主要发布美妆类的产品信息，其用户群体以女性为主，用户的职业主要是大学生和白领，那么企业应该根据这类用户的特性开展微博运营。

2.2 微博内容的编写技巧

微博营销，内容为王，合适的内容能快速增加粉丝数量、粉丝黏性，为企业带来可观的利润。微博内容要根据企业、产品特点、用户习惯进行策划编辑，微博营销才具备影响力，达到预期效果。下面根据微博内容表现形式的不同，介绍短微博和长微博内容的编写技巧。

2.2.1 短微博内容的编写技巧

因为微博是一个快资讯、形式多样化的平台，人们习惯阅读短篇幅内容，以迅速获取自己想要的信息，所以短微博的发布形式是最常见的。

1. 设计正文内容

短微博的内容一般比较随意，不要求有特定的内容与格式，因为微博属于自由性、随意性较高的平台，所以文案内容也不需要太过讲究，只要让受众感兴趣，让人觉得主题突出、一目了然即可。微博平台本质上属于实时资讯平台，很多商家和受众喜欢在上面发布或寻找第一手热门消息，要想吸引受众的注意力，就要根据其爱好和需求，结合潮流来写微博。

（1）热门话题。

微博热搜一直是备受微博受众关注的焦点，所以借助热门话题来进行正文内容的编写是微博运营人员常用的一种写作方式。在借助话题的高关注度来进行产品或服务的宣传时，要注意以下两点：

● 在选择话题的时候，要注意热门话题的时效性，不要选择时间久远的话题，这种过期的热度对受众的吸引力并不大。

● 注意文案的措辞，不能使用生硬、低俗的话语进行牵强的关联，一定要保持微博文案与话题之间的自然与协调，否则会引起受众的反感。例如，话题"麦辣鸡翅实测热量高出官网40%"登上了热搜，某博主借助这个热点话题发布了短微博"真的有人吃炸鸡是考虑热量而不是解馋吗？我不信，V我50我想试试"，如图3-29所示，幽默的语气吸引了用户的兴趣，而且通过提出与热点相关的问题，引导用户评论和转发，成功地引起了用户的关注，提高了自己微博账户的热度。

图 3 - 29　借助热门话题的微博

（2）故事。

结合产品、用户群体，进行故事编辑，可讲感人的故事、幽默的故事，从而加深用户对微博、产品的认识度。运营者可以通过将需要营销的产品，包装成吸引人眼球的新闻事件或虚拟事件，或是采用对话、描写和场景设置等方式，在展现事件情节和细节的同时，以凸显事件中隐藏的目标来推广产品。例如，"不是吧，老婆 30 岁失业后学会了剪辑，3 个月后我被她惊呆了（附带链接）""昨晚轮到女友做饭了，女友端来一个托盘说：想吃啥请翻牌子。我想到了皇上也是这样的，看到托盘上有四个牌子，上面写道：香菇炖鸡，葱烧排骨，番茄牛腩，红烧牛肉，我说：都可以吗？女友说：可以，就怕你吃不了。我说：吃不了你就不给我零花钱了！不一会儿女友端上四碗康师傅。"

这样的故事化情景非常生活化，读这样的故事受众会很有代入感。除此之外，故事内容还可以从我们熟悉的人物或情景来展开，用受众熟悉的角色来引起他们的好奇和回忆，加深受众对内容的印象。例如，"♯好想你红枣微故事♯"的故事文案示例，它从人们熟悉的"神雕侠侣"入手，将品牌融入故事，既有趣又有创意，故事可读性强。"绝情谷底，杨过道：龙儿，十六年来，你如何过活？小龙女道：我每天在枣树下拣枣子吃，吃不完的晒成干枣，无聊时在枣核上刻上'好想你'三个字，绑到玉蜂身上，天见可怜，终于让过儿看到了。杨过道：原来这枣子是我们重逢的大恩人，就取名为'好想你红枣'吧。"

（3）关联营销。

关联营销就是品牌不单为自己撰写宣传或推广文案，还与微博上的其他品牌账号进行关联合作，以此生成一个话题，这样的关联微博文案发出之后，经常会引起受众的关注与兴趣。

如某年感恩节某品牌发起的"亲爱的，×××：感谢你，……"及被提到的品牌回复"亲爱的，×××：不用谢，……"的感谢信形式的文案就是一种品牌关联营销的方法。

（4）疑难解答。

这类内容选取与人们工作、生活息息相关的话题或普遍面临的问题、疑惑来作为选题，并针对这些问题给予良好的解决方法。图 3 - 30 所示为一则短微博，它通过直截了当的方式，给出了人们暴饮暴食后的补救方法，为用户提供了实实在在的解决问题方案，增加了用户的好感和信任感，提高了用户关注度。

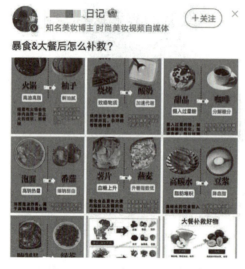

图 3 - 30　疑难解答类型微博

2. 灵活运用三要素

微博内容主要通过对微博进行转发、评论和点赞等互动行为来进行传播，在创作微博内容时，适当地添加话题"＃＃"、@、链接 3 个要素，可以增加微博被受众用户查看的概率，扩大微博的传播范围，提高营销的成功率。

📺 **课堂讨论** ▌▌

请在微博上浏览 5 个博主的微博内容，并分析其内容运用了什么编写技巧。

2.2.2　长微博内容的编写技巧

当需要表达的内容无法通过简短的语言、精练的图片表述清楚时，就需要使用微博长文案进行体现，一般多指头条文章。下面介绍 3 种长微博创作的技巧。

1. 创新内容的呈现方式

直接发布长微博文字内容并不是企业进行微博营销的最佳选择，且容易出现两大弊端：一是文字部分超过 140 字数的内容会被折叠；二是内容太冗长，无法引起用户的关注，导致关键信息被用户跳过。因此，为了能在最短的时间内吸引用户和打动用户，提升用户的阅读体验，企业需要创新文案内容的呈现方式。多媒体技术的运用增强了微博文案的吸引力，在写微博时可充分利用图片、视频等多媒体技术，使文字与图片、视频、超链接等有效地配合起来，通过视觉、听觉的刺激让用户产生兴趣甚至是情感共鸣，从而大大增加微博的浏览量和转发量。

2. 包装话题引发共鸣

微博内容通过运用具有争议性的内容或能引起大众情感共鸣的话题切入，或用故事对话题进行包装，并以图片或短视频、H5 页面等作为载体将这些话题传播出去，有助于增加微博的点击率和转发率，进一步扩大企业的知名度。

例如，某化妆品品牌的广告短片《她最后去了相亲角》，就是以大龄单身女青年作为视频主角，通过讲述两代人的婚姻，道出了女性"想要掌握自己的命运，想要得到社会的理解，想要拥有自主选择而不被议论的权利"等心声。正因为这一视频讨论的话题戳中了广大女性的痛点，所以视频一上线就得到了大量的关注和广泛的热议。

3. 内容编写设计

长微博由于篇幅较长，因此包含的元素更多，文章标题、正文内容、表达方式、排版设计等因素都会直接影响长微博的阅读量。

（1）设计标题。

标题是用户对微博内容的第一印象，用户往往会根据它来决定该篇微博是否有继续点击阅读的价值。优秀的标题会让用户印象深刻，引导用户产生继续阅读的欲望。而爆款标题不但使人有阅读的欲望，还能刺激购买、引导消费。下面介绍几种写作爆款标题的技巧。

1）巧用亮点词。

亮点词与数字有异曲同工之妙，都可以在第一时间让用户知道该文章传递的价值，快速引起用户的关注。目前常用的亮点词汇有"推荐、震惊、妙、当心、警惕、神奇、天啊"等，这类词语可以使用户产生心灵共鸣或震惊等感受。例如，"警示：过夜的鸡蛋不能吃！""周某祎的'某宝典'你敢学吗？"。

2）灵活使用符号。

对符号的灵活使用也是标题的加分项，标题中的符号可以定义为以下 4 种：

● 标点符号。灵活使用标点符号可以使文章标题妙笔生花。例如，用运算符号建立关系，言有尽而意无穷。问号主要表达疑问、设问或反问，给人留下悬念；感叹号能够表达强烈的情感，抒发如兴奋、喜悦、震惊等情绪；省略号表示意犹未尽或未完待续，可以引起读者的兴趣；破折号表示语气的转变或延续，常用于解释说明。例如，"不寒而栗！读完一身冷汗的悬疑大作！""海尔＋海信＝国际大品牌""添加剂最多零食排行榜，看了吓一跳！（家长必看）"。

● 数字符号。使用数字标题可以增加可信度，激起读者强烈的阅读欲望。例如，"学会这 3 个步骤从此不再为上班穿搭而烦恼！""20 条养生建议，看到第 5 条毫不犹豫地转了"。

● 程度符号。"最""首个"等极限词因违背了广告公平性原则而被禁用，但并不是全盘封杀，若不违背客观事实，也是可以使用的。所以运营者在不对用户造成误导的前提下，灵活运用这种程度符号，可帮助加深标题的语气，给人震撼感和一定的冲击力。例如，"口碑炸裂！中国观众给这部电影打了史上最高分！""如果一生只读一本童话，我推荐这本"。

● 符号化。即指将文案主体搭建在人们熟悉的地标、事物之上，因为人们对自己熟悉的地方是有潜意识的了解欲望的，这样用户对查看详情内容的兴趣会很大。例如，固安新城的广告标语"固安新城，天安门正南 50 千米"。

3）添加流行语。

流行语是在网上受到广泛传播的词汇，比较有热度，运营者可以在标题中适当添加网络流行语来吸引用户的注意力，同时还能增加标题的生动性和趣味性。

"YYDS""内卷""躺平""绝绝子""干饭人""凡尔赛""爷青回"等，这些词汇在年轻受众中使用频率很高，传播范围很广。这些词语的应用不仅能让标题更具表现力，也让标题更贴近生活，增加了用户的亲切感。

4）善用谐音。

谐音式标题是利用谐音来表达隐含的意思。谐音是一种口语化的语言表达方式，富有很强的生活气息、幽默感和趣味性，是人们比较接受和喜欢的语言表达方式。例如，"'酱'出名门，传统好滋味""胃病患者'治'在'四方'""不要把集体婚礼变成集体分礼"。

5）名人效应。

大多数用户都有点名人情结，看到一些影视演员的消息都可能会点击进去查看。例如，"×××同款大眼，你值得拥有""×××最喜欢的内衣品牌""×××年轻 20 岁的秘密"。

6）巧用修辞。

比喻、引用、对偶、对比、拟人和夸张等修辞手法不仅可以增加标题的吸引力和趣味性，还能使标题更有创意。例如，"与其等死，不如笑死""你的头发在生气""上万市民'夜袭'××家电卖场"。

7）感情渲染。

借助感情色彩很容易引起用户的共鸣，让用户联系到自己，从而引起用户阅读的兴趣。例如，"脾气不好，其实是修养不够""优秀的人，都敢对自己下狠手""成功的人士，从来不会输给情绪"。

（2）正文内容。

正文内容应该与标题相匹配，内容必须有价值，保证被标题吸引进来的用户不会产生被标题"欺骗"的感觉。优质微博内容的写作方法前面已经讲过了，这里就不再赘述。

（3）表达风格。

表达风格通常与博主的个人写作风格有关，可以是严谨的、精准的，也可以是幽默的、风趣的，当然，文章风格也应该迎合受众的特点，微博内容应该根据目标受众喜欢的风格来调整自己的表达方式，才能获得更大的阅读量。

（4）排版设计。

排版设计直接关系着用户的阅读体验。字号选择适中，标题、重要的句子和词语可以加粗显示，文章的字号、字体可以用对比手法，适当添加图片和表情等元素，增加排版的美观性，提升用户的阅读兴趣，如图 3-31 所示。

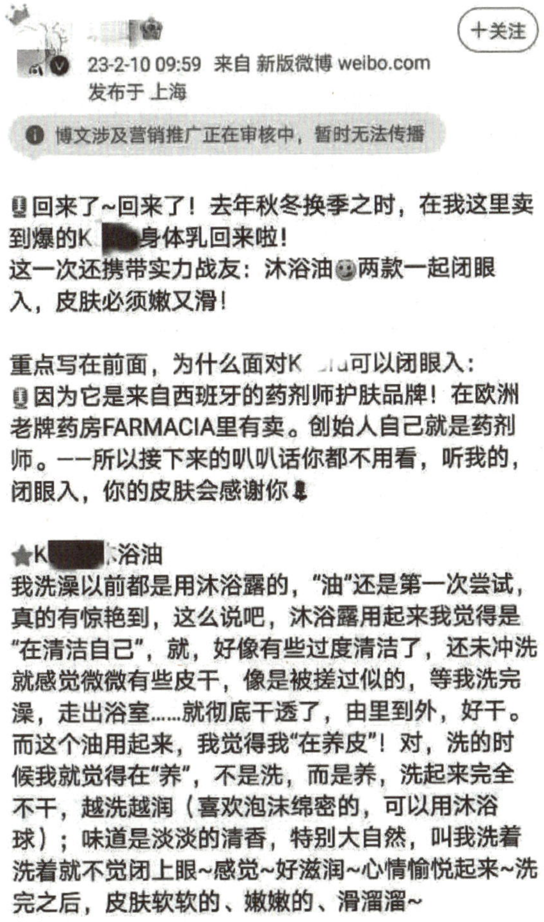

（+关注）

23-2-10 09:59 来自 新版微博 weibo.com
发布于 上海

ℹ️ 博文涉及营销推广正在审核中，暂时无法传播

🔋回来了~回来了！去年秋冬换季之时，在我这里卖到爆的K▇身体乳回来啦！
这一次还携带实力战友：沐浴油😈两款一起闭眼入，皮肤必须嫩又滑！

重点写在前面，为什么面对K▇可以闭眼入：
🔋因为它是来自西班牙的药剂师护肤品牌！在欧洲老牌药房FARMACIA里有卖。创始人自己就是药剂师。——所以接下来的叭叭话你都不用看，听我的，闭眼入，你的皮肤会感谢你🔋

★K▇沐浴油
我洗澡以前都是用沐浴露的，"油"还是第一次尝试，真的有惊艳到，这么说吧，沐浴露用起来我觉得是"在清洁自己"，就，好像有些过度清洁了，还未冲洗就感觉微微有些皮干，像是被搓过似的，等我洗完澡，走出浴室……就彻底干透了，由里到外，好干。而这个油用起来，我觉得我"在养皮"！对，洗的时候我就觉得在"养"，不是洗，而是养，洗起来完全不干，越洗越润（喜欢泡沫绵密的，可以用沐浴球）；味道是淡淡的清香，特别大自然，叫我洗着洗着就不觉闭上眼~感觉~好滋润~心情愉悦起来~洗完之后，皮肤软软的、嫩嫩的、滑溜溜~

图 3-31 微博内容排版设计

✏️ **温馨提醒**

长微博要达到良好的营销效果，就要让用户在不知不觉中接受广告的诉求。而且若是在文案设计上让用户感觉到文案内容是专门为他编写的，还能增加用户的认同感和文章的吸引力。在具体写法上表现为将文案主语设置为第二人称，如"秋天天气干燥，你一定要注意脸部保湿哦"，这样的语气亲切随和，富有感染力，能减少距离感。

💡 **点亮智慧**

在微博中，一篇成功的文案会在极短的时间内引起众多用户的转发，尤其是能激起用户情感共鸣、让用户觉得有趣的文案，能够达到快速传播的目的。因此如何编写有吸引力的微博内容显得尤为重要。通过任务 2 的学习，我们从目的、形象、内容三方面探究了微博内容的定位方法，为了掌握微博内容的编写技巧，我们从标题、正文、内容、风格等方面进行了探究，多方面地学习了通过编写微博内容提升营销效果的方法。在学习探究的过程中养成了互联网经济时代的新媒体营销思维。

◎ 小试牛刀

根据本任务知识的学习，以小组为单位（2～3 个人为一组）对下列问题展开讨论与练习，在巩固所学知识的同时，拓宽视野，进一步提高自己的能力。

某公司主营商品为农产品，主推商品为广西忻城甜糯玉米，如图 3 - 32 所示。

请你为该公司撰写一篇短微博推广甜糯玉米。

提示：先设计标题，然后利用学过的编写技巧写正文，包括产品相关信息等内容，附上产品超链接或自带话题等。

图 3 - 32　主推商品

▶ 任务 3　微博营销的活动开展

◎ 知识直通车

活动策划是微博运营的常态，这样活动内容在微博上才能够得到快速的传播。一个成功的活动不仅能带来大量微博用户的关注，还能有效提高产品的曝光度和企业的知名度。运营者在策划活动时，要制定一个具体的方案，包括活动目的、活动对象、活动主题、活动时间、活动形式等主要内容。

1. 活动目的

运营者在策划活动时需要先明确活动目的。通常活动目的包括以下 4 种：

（1）促进粉丝增长和提高已有粉丝的活跃度和忠诚度。

（2）用于企业产品的信息推广和产品的销售转化。

（3）提高品牌的知名度和曝光量。

（4）实现企业线上商城的导流。

活动的目的也可以具体量化，如粉丝增长 10 000 人、品牌曝光量 40 万次、活动内容转发量 50 000 次等。

2. 活动对象

明确活动对象就是进行用户群体定位，用户群体的定位与企业品牌和产品定位相关。

例如：企业主要是做母婴用品的，用户群体定位可以是孕妈及宝妈等；企业主要是做数码产品的，用户群体定位可以是大学生或者白领。

3. 活动主题

鲜明的主题可以方便用户快速了解活动，如"××语录征集""××趣味照片秀""××周年庆，转发有奖"等。

4. 活动时间

策划活动必须设置具体的活动参与时间。

5. 活动形式

不同的活动形式适合不同的推广渠道，所取得的推广效果也不同。例如，有奖转发是微博上常见的活动形式，具体包括转发就能抽奖、转发关注就能抽奖、转发关注并评论才能抽奖、转发关注并@好友才能抽奖等参与形式。

6. 活动内容

活动内容是用户阅读的主体，是用户了解活动热点的载体。活动内容包括活动缘由、活动奖品、参与规则、抽奖工具等。

7. 活动推广渠道

如果仅依靠活动自身的推广，那么效果具有一定的局限性，因此需要扩展活动的推广渠道，如微信公众号、社群、问答平台等。

8. 活动费用预算

进行活动策划时需要对活动的费用进行评估，主要包括提供奖品的费用和推广的费用等。

3.1 线上微博营销活动设置

常见的微博线上营销活动的类型较多，包括转发抽奖活动、有奖征集活动、有奖调查活动、有奖竞猜活动、投票活动等。

3.1.1 转发抽奖活动

转发抽奖活动是指用户满足相应条件并转发活动指定微博即有机会获得奖品的活动形式。转发抽奖活动可用于新品推广、线下活动的宣传、营销信息的传播等方面，以达到吸引用户的注意力，增加粉丝数、浏览量，扩大产品或品牌影响力的目的。微博中的转发抽奖活动如图 3-33 所示。

3.1.2 有奖征集活动

有奖征集活动是指运营者提供一些奖品来激励用户发布满足条件的内容，并在活动结束后根据内容质量决定中奖者的活动形式。微博有奖征集活动如图 3-34 所示。

图 3-33　转发抽奖活动

图 3-34　有奖征集活动

3.1.3　有奖调查活动

有奖调查活动是指运营者用奖品激励用户填写相应的调查问卷的活动形式。

3.1.4　有奖竞猜活动

有奖竞猜活动是指运营者设置相应问题并抽取回答正确的用户给其提供奖品，从而让用户积极参与竞猜的一种活动形式。微博有奖竞猜活动如图 3-35 所示。

3.1.5　投票活动

投票活动是一种能够提高用户活跃度的活动形式，即通过设立选项，吸引用户进行投票讨论。微博投票活动如图 3-36 所示。

图 3-35　有奖竞猜活动

图 3-36　投票活动

📋 **课堂讨论**

1. 你参加过哪种类型的线上微博营销活动？

2. 哪种类型的线上微博营销活动对你来说吸引力最大？为什么？

3.2 线下活动中的微博营销

线下分享会、线下见面会、线下品牌活动、线下演讲、线下培训等都是比较常见的微博线下营销活动形式。与线上活动相比，线下活动的地域和参与人群会更加精准，通过线下活动获取的用户也会更加真实可靠，同时也可以做到与粉丝面对面交流、互动。微博不仅可以用于推广产品、宣传活动等，还可以为线下活动进行造势、推广，并将线下和线上渠道结合，使无法抵达活动现场的用户通过微博参与活动，从而增加活动的趣味性和品牌的影响力。开展微博线下营销主要有以下两个方面的内容需要注意。

3.2.1 线下活动造势

线下活动造势就是在活动开始前，为提高活动知名度、增加活动参与人数而采取的相应措施。线下活动造势能够营造活动的氛围，设置悬念，激发用户的好奇心。运营者在对活动进行造势时可以从以下 3 个方面入手。

1. 选择活动发布主体

活动发布主体是指在微博上发布活动信息的微博账号。企业或品牌官方微博发布信息较为权威，更容易让用户信服。知名人物发布活动信息更容易引起用户的广泛关注。因此，运营者在选择活动发布主体时，可结合官方微博及知名人物微博，以官方微博发布活动信息，以知名人物转载的形式为活动造势。

2. 确定造势主体

造势主体是指活动用于吸引用户的主要亮点，如活动形式、活动嘉宾、活动奖品等。

3. 选择造势方式

造势方式包括借助热门话题、利用名人流量等。选择恰当的造势方式能够使线下活动在短时间内拥有较高的声势。

3.2.2 线下活动推广

活动推广就是将活动的相关信息传递给更多用户。线下活动在拥有一定的声势后，还需要采取一定的推广方法，将活动的相关信息传递给更多用户，吸引用户的关注。运营者利用微博进行线下活动推广需要注意以下 3 方面的内容。

1. 活动推广文案

活动推广文案能够直接影响用户对活动的第一印象。运营者在编辑活动推广文案时，可以从用户的需求出发，设置一些有趣的内容吸引用户的注意力，如图 3-37 所示。

2. 活动推广海报

活动推广海报可以将活动的主要信息，如活动形式、活动时间、活动地点、活动奖品以及活动嘉宾等以图片的形式展示给用户，方便用户了解活动内容，其表现力更强。

图 3-37　活动推广文案

3. 活动推广形式

在微博中对线下活动进行推广时，可以采用知名人物转发、建立微博群、发起微博投票以及创建微博话题等形式。

　温馨提醒

活动终究只是一个短期有效获取用户或者促销的方法，企业应该尽最大的努力去完善产品、服务于用户，而不是仅靠活动来维持产品的寿命周期。抛开营销成本不说，现在产品同质化越来越严重，各家产品的"套路"基本都类似，如果不去创新和改进，终究会被市场淘汰。

　案 例 分 析

必品阁，一顿能吃多少个饺子？

品牌知名度有限，营销预算吃紧，何以在红海竞争中突出重围？且看必品阁在"京东非常大牌日"推广之际，巧用一个社交话题以小博大，迅速打开中国市场，成为消费者新宠。

抢占热门话题，互动引爆影响。

"个头大，吃法多"，如何高效传递产品核心卖点？必品阁王饺子通过社交数据洞察发现，活跃着众多美食博主和吃货的微博平台，♯一顿能吃多少个饺子♯这一话题曾登上过热搜，自带热度，而话题本身也和产品卖点相得益彰。于是必品阁王饺子顺势出击，牵手@微博美食，和大伙一起聊聊♯一顿能吃多少个饺子♯。从话题投票到话题大赛，众多用户热情参与互动，话题热度迅速攀升，吃货达人带路，掀起种草狂潮。用户争相秀出"饺子胃"之际，超百位美食达人前来加持，分享自己关于饺子料理的各种心得。♯一顿能吃多少个饺子♯的热议声中，必品阁王饺子的关注度层层发酵，更有诸多"大V"，带领粉丝们解锁必品阁王饺子"大有不同"的花式吃法，一盘饺子也能吃出仪式感

和乐趣。"大 V"影响力之下，产品的独特卖点在围观中巧妙传递。必品阁适时送出优惠，吃货们纷纷吃下安利，点击电商链接一键拔草。本次营销必品阁王饺子巧借东风，借热门话题引入，由达人种草发酵，俘获海量社交关注，不仅实现品牌声量飙升，迅速打响认知，更赢得销量丰收，沉淀优质口碑，打开品牌增长新格局。

想一想，练一练：

1. 必品阁使用了哪些微博营销方法和技巧获得成功的？
2. 根据必品阁的产品特点，尝试创造一个新的话题。

点亮智慧

微博营销注重价值的传递、内容的互动、系统的布局、准确的定位。微博的快速发展使其营销效果尤为显著，它能够使企业便捷、高效、低成本地达到提升自身知名度、推广产品或服务的目的。活动策划是提高市场占有率的有效行为，一份可执行、可操作、创意突出的活动策划方案可以有效提高企业的知名度和品牌美誉度。因此，成功的微博营销活动策划对于企业的产品推广、品牌建设及核心业务的宣传是非常有帮助的。在任务 3 中具体学习了策划营销方案的要点，并结合线上及线下营销的特点探究了这两种营销方式采用的营销活动，进一步培养了网络经济时代的微博营销思维。

小试牛刀

根据本任务知识的学习，以小组为单位（2～3 个人为一组）对下列问题展开讨论与练习，在巩固所学知识的同时，拓宽视野，进一步提高自己的能力。

某公司主营商品为农产品，公司最近上新一款产品——罐装即食玉米粥。

请你为该公司策划一份线上新品推广的微博营销活动方案，将相关内容填入下表中。

线上微博营销活动方案设计

活动目的	
活动对象	
活动主题	
活动时间	
活动内容	
活动推广渠道	
活动预算	

匠心荟萃

在项目 3 中，我们共同学习了微博营销的推广方法。为了更好地掌握微博营销，我们学习了如何借助话题营销和打造优质微博内容来推广微博并获取关注，也学习了如何通过外在的力量来助推微博的推广，进一步扩大微博营销的影响力。我们还探究了微博内容的定位方法，为了掌握微博内容的编写技巧，多方面学习了通过编写微博内容提升营销效果的方法。我们还学习了策划营销方案的要点，并结合线上及线下营销的特点探究了这两种营销方式采用的不同的营销活动。在实操任务中养成小组合作探究、团结协作的团队精神，有效实现理实一体化。在学习的探究活动中，培养了网络经济时代的微博营销思维。

请结合本项目学习表现，完成下述学习评价：

学习目标	内容	优	良	中	差
知识目标	1. 能归纳微博营销的推广方法				
	2. 能总结微博营销的内容设计技巧				
	3. 能说出开展微博营销活动的方法				
技能目标	1. 能够选择合适的推广方法进行微博营销				
	2. 能够合理利用微博内容的编写技巧设计微博营销内容				
	3. 能够策划微博营销活动				
素养目标	1. 树立合作意识				
	2. 敢于创新，培养网络经济时代的微博营销思维				
	3. 增强法律意识，在使用互联网的过程中遵循相应的法律法规				
	4. 在内容策划时注意弘扬社会主义核心价值观				
学习总结与收获					

巧思妙练

【单选题】

1. 微博博文干货内容的发布形式不包括（　　）。

A. 趣事干货　　　　　B. 九图干货　　　　　C. 长文干货　　　　　D. 短视频干货

2. 发布微博使用借势热点时不需要做到（　　）。

A. 精确性　　　　　B. 故事性　　　　　C. 及时性　　　　　D. 寻找高热度

3. 微博营销策划方案的编写不需要包括（　　）。

A. 活动目标　　　　　B. 用户群体　　　　　C. 活动时间　　　　　D. 竞争对手目标

4. 常见的线上微博营销活动不包括（　　）。

A. 有奖推荐　　　　　B. 有奖转发　　　　　C. 有奖征集　　　　　D. 有奖竞猜

5. 微博营销的目的定位不包括（　　）。

A. 品牌推广　　　　　B. 产品销售　　　　　C. 内容分享　　　　　D. 粉丝分享

【多选题】

1. 微博认证包括（　　）。

A. 个人认证　　　　　B. 机构认证　　　　　C. 身份认证　　　　　D. 兴趣认证

2. 常见的微博"涨粉"方法有（　　）。

A. 互粉"涨粉"　　　B. 付费"涨粉"　　　C. 内容"涨粉"　　　D. 活动"涨粉"

3. 微博矩阵的模式有（　　）。

A. 蒲公英式　　　　B. 放射式　　　　　C. 分散式　　　　　D. 双子星式

4. 微博账号的类型包括（　　）。

A. 企业微博　　　　B. 组织机构微博　　C. 个人微博　　　　D. 政务微博

5. 优质微博内容具备的特点包括（　　）。

A. 简练精要　　　　B. 互动性强　　　　C. 有趣味性　　　　D. 故事性

【简答题】

1. 微博增粉的方法有哪些？

2. 微博营销活动策划中的活动目的有哪几种？

3. 介绍5种微博账号的昵称设置方法。

4. 简述微博营销的概念。

【综合实训题】

1. 任务背景：

宏宇商贸有限公司是一家经营忻城县本地特色农产品的公司，建立了广西特色农产品品牌"林管家"，主营商品为甜糯玉米、加工玉米粥、古法红糖等当地特色农产品。为了让更多的用户了解忻城县的特色农产品并提高品牌的知名度和曝光量，该公司开设了官方微博，计划进行微博营销推广。

2. 实训要求：

（1）借助热门话题，发布一条品牌推广的微博。

（2）创建新话题，发布一条转发抽奖活动的微博。

项目 **4**

微信营销：构建线上线下
闭环直击用户痛点

● 知识目标

1. 能区别微信公众号的类型；

2. 能罗列微信群营销及视频号营销的优势；

3. 能说出微信朋友圈营销的特点。

● 技能目标

1. 能够注册微信公众号，并使用公众号平台及秀米平台编辑推送文章；

2. 能够准确把握微信群营运要点进行微信群管理及营销；

3. 能够选择合适的微信朋友圈营销策略开展营销活动；

4. 能够灵活使用微信视频号的营销技巧合理规划营销活动。

● 素养目标

1. 正确认识微信的营销价值；

2. 敢于创新，培养网络经济时代的微信营销思维；

3. 养成严谨细致的职业素养，乐于分工合作完成任务。

📋 **知识框架图** ||

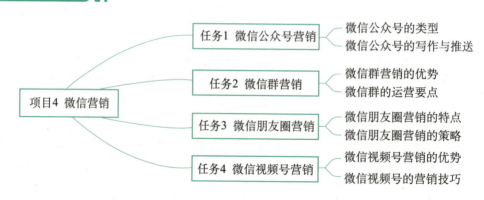

项目导入

微信（WeChat）是腾讯公司于 2011 年 1 月 21 日推出的一个为智能终端提供即时通信服务的免费应用程序，集可快速发送语音、文字、图片、视频等功能于一身。根据腾讯 2024 年的财报，微信及 WeChat 的合并月活跃账户数为 13.85 亿，同比增长 3%。在碎片化的移动互联网时代，微信用各种连接方式使用户形成全新的习惯，以人为中心、以场景为单位的连接体验催生了新的商业入口和营销模式。毫无疑问，微信的商业价值也越来越得到显现。

课堂讨论

1. 你是什么时候开始使用微信的？微信改变了你哪些生活方式？
2. 你知道或者接触过哪些微信营销活动？请简单介绍。

典型工作任务

职业情境

A 公司主营业务是设计及销售"中国结"，为迎接"双 11"大促，希望通过微信营销扩大宣传效果，预热"双 11"促销活动，刺激销量。

任务分析

结合"双 11"背景，紧扣产品"中国结"，在明确微信营销形式的基础上，掌握其技巧，并挑选合适的微信营销方式开展活动。

素养园地

"中国结"是我国传统文化产品，深刻挖掘产品内涵与卖点，有助于树立文化自信。借助微信开展营销活动，有利于培养新媒体营销思维，养成敢于创新的职业素养。

头脑风暴

你将如何开展任务探究，以便更好地完成微信营销的工作任务？

▶ 任务 1　微信公众号营销

知识直通车

随着智能手机的普及，微信已经走向大众化，信息交流的互动性更加突出。其中微信公众号可以和个人微信号、QQ 号或者邮箱相互捆绑，已经形成了强势和主流的互动营销方式。因此，微信公众号营销成为很多企业或个人不可或缺的营销方式。

1.1 微信公众号的类型

微信公众号包括订阅号、服务号、企业微信、小程序。四种类型图例如图 4-1 所示。

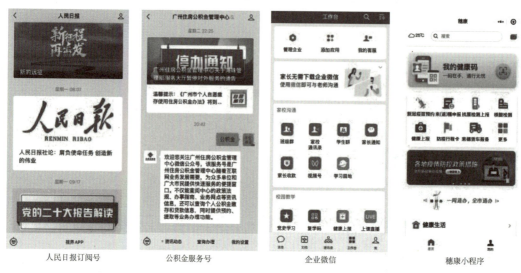

| 人民日报订阅号 | 公积金服务号 | 企业微信 | 穗康小程序 |

图 4-1 微信公众号图例

1.1.1 认识微信公众号的分类

1. 订阅号

主要为用户提供信息和资讯（类似报纸杂志，提供新闻信息或娱乐趣事），具有信息发布和传播的能力，认证前后都是每天只可以群发一条消息（每天 0 点更新，次数不会累加）。群发的消息将会显示在订阅用户的"订阅"文件夹中。订阅号自由度比较高，每个月累计可以推送 30 条左右的消息，因此可以为用户提供较为丰富的资讯，形成良好的沟通机制（适用于个人和组织）。

2. 服务号

主要侧重于服务交互功能（类似银行、114，提供服务查询），具有用户管理和提供业务服务的能力，能够提供阅读、查询、支付等服务，认证前后都是每个月（按自然月）可以群发 4 条消息（每月月底 0 点更新，次数不会累加）。群发的消息会直接显示在用户的聊天列表之中，让用户第一时间看到。相比订阅号，服务号的功能和服务更全面。对于绝大多数企业而言，如银行、物流公司等需要经常与客户沟通，并提供专业服务，可优先选择使用服务号（不适用于个人）。

3. 企业微信

企业微信原名企业号，主要用于企业（含公司、事业单位等）的内部通信，是现代企业的基础办公沟通工具，拥有最基础和最实用功能的服务，已经成为市场中重要的企业 OA（办公自动化）工具。管理员可在企业微信官网登录管理后台，管理企业通讯录、企业应用与小程序等，为企业提供丰富的办公应用，与微信生态做更紧密的结合，构建一个更加开放、完善的企业级服务生态（适用于企业、政府、事业单位或其他组织）。

4. 小程序

小程序被定义为"一种新的应用形态"，是一种新的开放能力，不用下载安装就能直接使用的应用，可以在微信内便捷地获取和传播。作为一个功能性的公众号，小程序与订阅号、服务号、企业微信组成微信生态圈（适合有服务内容的企业和组织）。

温馨提醒

1. 如果只是想简单地发送消息，做宣传推广服务，建议选择订阅号；
2. 如果想用公众号获取更多的功能，如开通微信支付、进行商品销售等，建议选择服务号；
3. 如果想用来管理内部企业员工、团队，对内使用，建议申请企业微信。

1.1.2 对比不同类型的微信公众号

四种微信公众号的功能对比如表 4-1 所示。

表 4-1 订阅号、服务号、企业微信与小程序的功能对比

功能权限	订阅号	服务号	企业微信	小程序
消息直接显示在好友对话列表中		✓	✓	
消息显示在"订阅号"文件夹中	✓			
群发消息限制	每天 1 条	每月 4 条	无限制	无法群发推送消息
关注时验证身份			✓	
独立 App			✓	
微信支付功能	认证号部分支持	认证号支持	认证号支持	认证号支持

案例分析

大众点评：为用户带来福利优惠

"大众点评"是大众点评的微信服务号，为用户提供更多有用、有趣的吃喝玩乐信息。比如发送"美食"，服务号会推送附近的美食地图（如图 4-2 所示），这样的内容能为用户提供切实的帮助，因此大众点评的服务号得到了不少消费者的认可。

在图 4-3 中，"大众点评"推送的信息包括含有爱心福利的盲人咖啡馆、必吃榜的神仙餐厅等消息，为用户带来了丰富的福利，用户点击推文就可以轻松获得享受优惠的

方法。

如果想要了解更多的福利信息，除了在评论区发送关键词"福利"获取链接外，还能在功能区"吃喝玩乐"根据自己的需求搜索相关资讯，不仅可以了解优惠，还能查看消费者的评价，操作简单，方便快捷，实用性强（如图4-4所示）。

图4-2 大众点评服务号　　　图4-3 大众点评消息推送　　　图4-4 大众点评服务项目

想一想，练一练：

1. "大众点评"的服务号有哪些方面做得好？

2. 你认为一个公众号要为用户提供怎样的消息或服务，才能吸引更多的用户，扩大营销效果？

1.2 微信公众号的写作与推送

1.2.1 注册微信公众号

扫一扫

结合学生角色，以个人注册微信公众号为例，介绍具体步骤。

第一步，打开微信公众号官网，点击页面的右上角"立即注册"，如图4-5所示。

第二步，根据实际情况选择类型，如图4-6所示。（学生选择适合个人注册的"订阅号"。）

微课 玩转公众号：
学会注册

第三步，填写基本信息，并登录邮箱，查看激活邮件，在公众号平台填写验证码。注意，每个邮箱仅能申请一个账号，必须勾选"我同意并遵守《微信公众平台服务协议》"，如图4-7所示。

第四步，选择类型，并选择企业注册地，一般默认为"中国大陆"，如图4-8所示。

图4-5 微信公众号官网页面

图4-6 微信公众号的类型

第五步，信息登记，结合学生身份，选择主体类型为"个人"，并填写好相关信息，如图4-9所示。

第六步，填写账号具体信息，包括主体信息登记、公众号名称、头像、功能介绍等，即可完成注册。

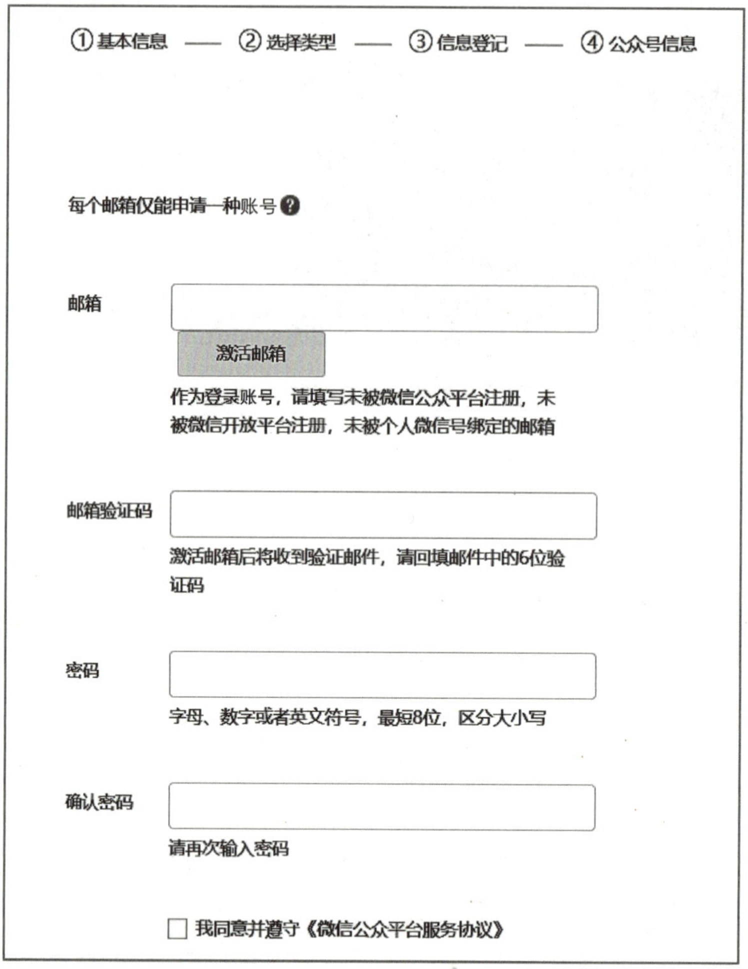

① 基本信息 —— ② 选择类型 —— ③ 信息登记 —— ④ 公众号信息

每个邮箱仅能申请一种账号 ❓

邮箱

激活邮箱

作为登录账号，请填写未被微信公众平台注册，未
被微信开放平台注册，未被个人微信号绑定的邮箱

邮箱验证码

激活邮箱后将收到验证邮件，请回填邮件中的6位验
证码

密码

字母、数字或者英文符号，最短8位，区分大小写

确认密码

请再次输入密码

☐ 我同意并遵守《微信公众平台服务协议》

图4-7 填写注册的基本信息

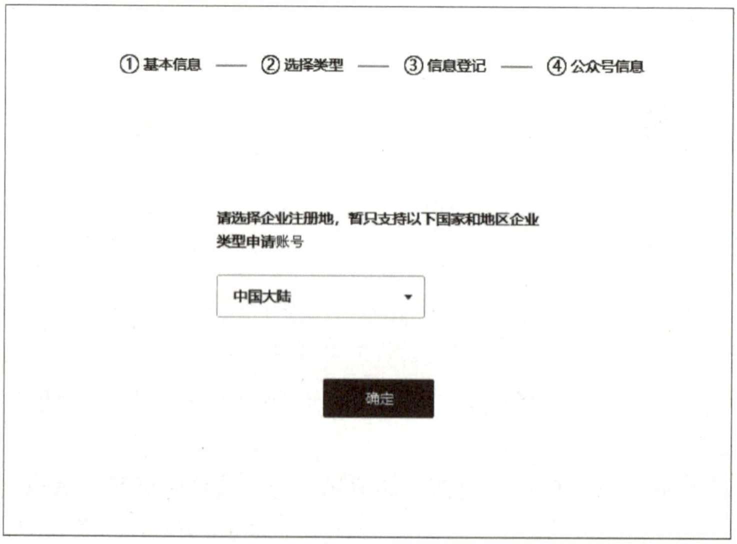

① 基本信息 —— ② 选择类型 —— ③ 信息登记 —— ④ 公众号信息

请选择企业注册地，暂只支持以下国家和地区企业
类型申请账号

中国大陆 ▾

确定

图4-8 选择微信公众号注册地

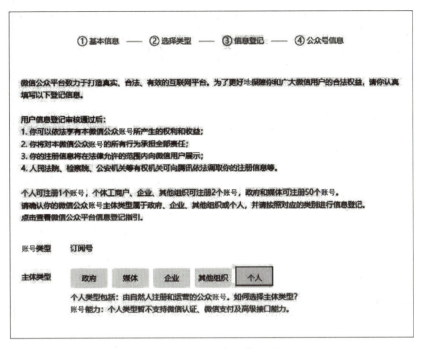

图 4 - 9　微信公众号信息登记

 温馨提醒

1. 最好使用国内的邮箱，如腾讯的 **QQ** 邮箱，避免邮箱无法登录或者来自微信的邮件被国外的服务器屏蔽的风险。

2. 为了提高安全性，建议使用 6 位以上密码，包含大小写字母和数字。注意邮箱和密码设置好之后要备份，同时要养成定期修改登录密码的习惯。

3. 成功开通公众号后，登录邮箱可以修改密码，但每月只允许修改一次。

1.2.2　把握优质内容的撰写技巧

微信公众号营销的主要表现之一是公众号的文章，推文应以内容为主。通过推文可以进行品牌推广、产品宣传、形象展示、活动介绍等。当公众号的内容能够满足粉丝需求，以趣味、实用、新颖等形式出现时，就能够起到不错的营销效果。当粉丝认可推文时，还会主动分享，进一步扩大文章的影响力，从而吸引并留住用户。因此，把握微信公众号优质内容的撰写技巧，是新媒体营销人员必备的职业技能。

📋 课堂讨论 ▌▌

1. 请分享你喜欢的一个微信公众号，并说说你喜欢这个公众号的理由；

2. 怎样的公众号推文，你更愿意点击和阅览？

1. 明确主题，形成风格

每个微信公众号都应该有清晰的定位，因此文章也应该结合公众号的定位及目标用户的喜好来挑选主题，如生活小妙招主题、美妆护肤主题、升学教育主题、旅游休闲主题、游戏娱乐主题等，从而逐渐形成自身鲜明的风格，如风趣幽默、古朴质实、文艺清新、青春热血、严谨细致等，这也是能增强用户黏性的重要因素。如微信公众号"中国教育报"是教育部主管的全国性日报微信公众号，推文会同步一定量的日报文章。"中职生"专注广东中职生考大学、志愿填报、高考政策解读等升学资讯。"大众点评"提供有用、有趣的吃喝玩乐信息。这些公众号都通过确立明确的主题来提高用户的忠诚度。相关公众号如图 4-10 所示。

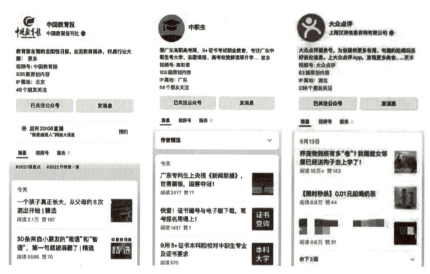

图 4-10　微信公众号——中国教育报、中职生、大众点评

2. 亮眼标题，触发点击

好的标题是文章能否被点击的关键因素，决定着用户对推文的第一印象。只有具有吸引力的标题，才能刺激用户点击，从而增加阅读量。因此好的标题是成功的一半。下面对常见的标题类型进行介绍。

（1）直言式：简单明了，用直白的文字把核心内容讲清楚，让用户一眼就看明白文章传达的主要内容。这类标题一般用于促销活动，如暑期清凉大放"价"，限时买一送一。

（2）悬念式：通过设下悬念的间接方式，引起用户的好奇心而查看正文找答案。尤其是运用与我们生活息息相关的事物来设下悬念，如公交驾驶员为做作业的小女孩亮灯，留有一张字条看哭网民。

（3）命令式：利用坚定的语气直接告诉用户怎么做，从而给了用户看这篇文章的理由。因此标题里必须含有明确的动词，引起用户的点击行为，如 25 岁前你必须完成的 7 件事。

（4）提问式：通过提问引起用户的思考和关注，因此标题要懂得用户的需求，才能紧扣用户的利益，容易产生共鸣。提问的方式可以采用疑问句或反问句，如那些年的"双 11"，你都薅羊毛了吗？

（5）导向式：就是通过标题把参与的方法写清楚，直接为某一问题提供解决建议，能够为用户带来帮助。因此在设计导向式标题时，需要思考用户的痛点。如怎样有效避免成人学习英语的 7 个误区？

（6）警告式：为了能够起到警醒的作用，标题语气相对严肃，从而在用户内心起到强烈的心理暗示与危机感，进而点击看文章。如刚吃饱千万不要做的十件事。

3. 精彩正文，引人入胜

好的标题能够吸引用户点击，正文的质量就是留住用户的关键。如果用户抱着高期待点击文章，但正文却平平无奇，就容易造成用户的心理落差，反而有负面影响。其中开头和结尾最为重要。用户很难通篇认真阅读每一个文字，开头和结尾常常能够帮助用户快速了解主题，应该以"虎头凤尾"为原则。与此同时，内容要体现亮点，公众号可以根据用户的反馈提供用户需要的相关信息，或者可以结合时下热点，推送大众关注的内容，也可以多弘扬正能量，为用户带来希望的曙光。如人民日报公众号推送的《看了他的画，好治愈》（如图 4-11 所示），文中通过简短的文字、引人的画作、精彩的短视频，将一个个充满童趣和温情的瞬间传达给无数网友，通过可爱、纯真、感动，把温暖传达出去，让读者有治愈感。

图 4-11 人民日报推文《看了他的画，好治愈》

此外，在一般的营销号推文中，都难免要插入广告。通过结合舆论热点或情景导入，能够较为自然地把营销信息植入文章中，起到良好的宣传推广作用。例如国庆假期即将到来，航空公司的公众号可以推送特价机票销售信息，还可以推送国庆旅游推荐地点，既能贴近热点话题，又能贴近用户消费需求。为了提高用户的阅读舒适度，尽量图文结合，言简意赅，重点突出，适度控制文章篇幅，从而很好地达到营销效果。

4. 善用技巧，合理规划

文章的质量直接影响了用户的忠诚度，因此怎么写、写什么是营销人员必须考量的重要课题。其中原创精神是最为可贵的，如果用户发现你的公众号文章总是千篇一律或者照搬别的公众号文章，则很容易引起用户的反感及取消关注。因此，只有坚持原创，才能在互联网信息爆炸的时代，很好地获得用户好感，从而塑造公众号的独特风格。

如果想要重点培养用户黏性，可以采用连载方式。连载的方式就像电视剧，一篇接着一篇，循序渐进，这样既能快速地引起用户的阅读兴趣，又不容易造成用户的流失。当没有时间和精力写原创文章内容时，可以采取点评的手段来跟读者进行沟通互动，对于文章当中的观点提出自己的独特见解和分析，这也是创作内容的好方式。如图 4 - 12 所示，某公众号在一篇文章中，从某主播的综艺，延伸至 PPT 标题文字的设计，提出自己对在 PPT 里制作立体文字的想法。

图 4 - 12　某公众号推文

温馨提醒

在编写信息内容时，一定要考虑用户阅读时的舒适度，因此要尽量避免篇幅过长、逻辑不清、东拼西凑、格式混乱、内容陈旧等。

1.2.3　挑选专业排版编辑平台

排版的美观度直接影响读者的阅读体验感。除了微信公众号自带的编辑功能外，还有不少第三方专业的排版编辑器能帮助营销人员优化文章的版面，如秀米、135 编辑器、i 排版、365 编辑器、96 编辑器等。下面介绍微信公众号平台的编辑功能及秀米，帮助大家了解微信公众号文章的排版和编辑操作过程。

1. 微信公众号平台的排版编辑

（1）建立素材库。

为了在编辑图文消息时更便捷地上传相关素材，实现图文并茂，运营者可先建立素材库，如图 4-13 所示。在公众号后台的"内容与互动"功能栏中，点击"素材库"，可以看见"图片""音频""视频"3 个选项。以"音频"为例，点击右侧的"上传音频"即可根据《公众平台音频上传服务规则》上传音频作为素材，如图 4-14 所示。

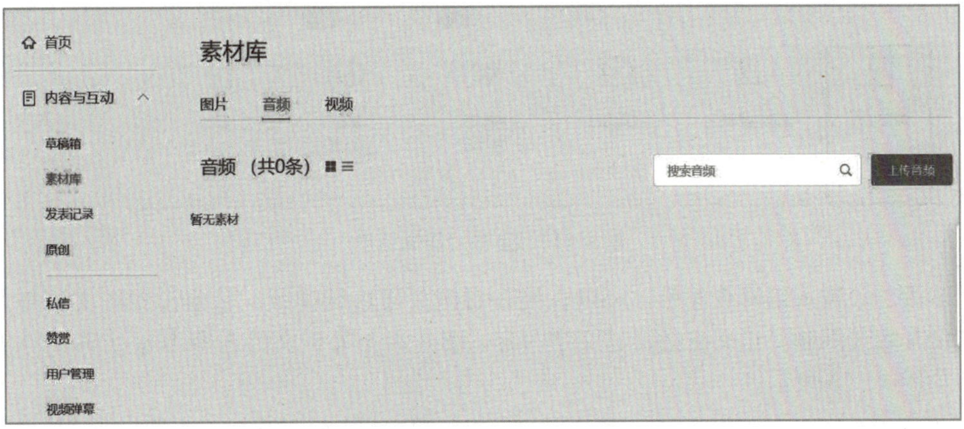

图 4-13　微信公众号素材库

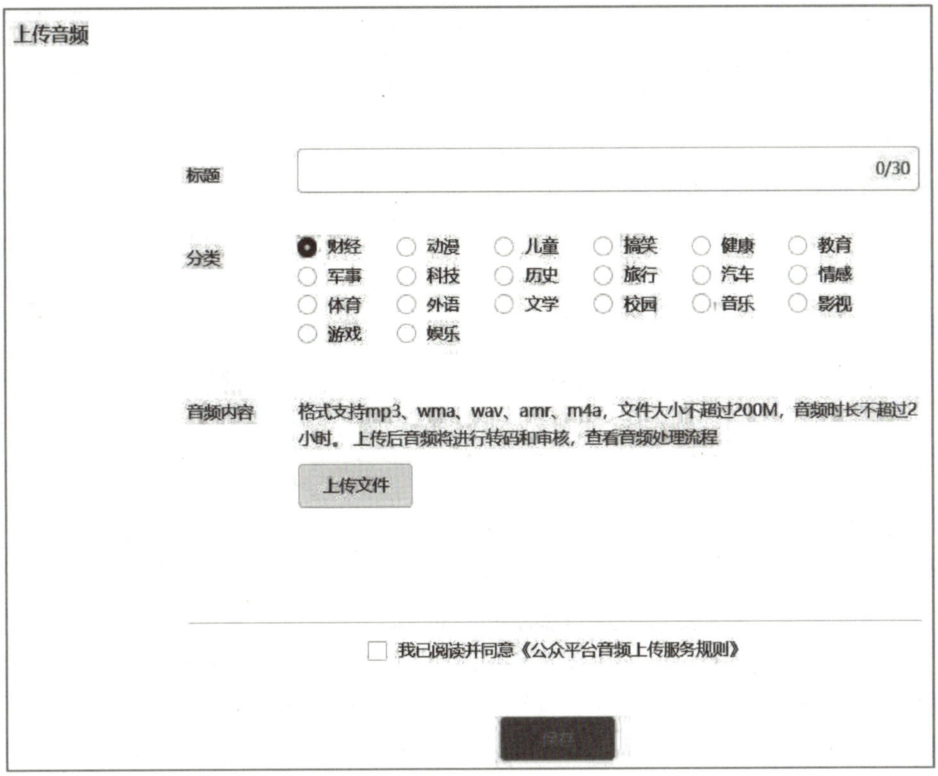

图 4-14　上传音频至微信公众号素材库

（2）创建图文消息。

图文并茂的文章是公众号文章最常见的方式，因此编辑图文消息是最基本的技能。

步骤一，登录微信公众号平台，点击页面"新的创作"下方的"图文消息"，如图

4-15所示。

图4-15　点击"图文消息"

步骤二，进入编辑页面后，可以直接在右侧页面进行排版。目前设置图文消息内容没有图片数量限制，正文里必须有文字内容，图片大小加正文的内容不超过50 000字即可，如图4-16所示。

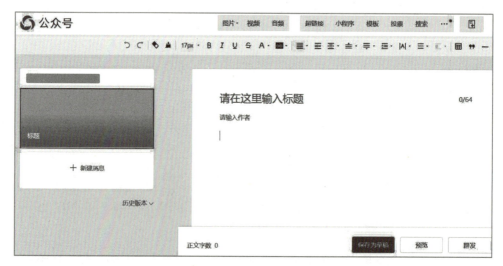

图4-16　微信公众号文章编辑页面

（3）编辑图文消息。

运营者编辑文章，首先在标题处要写上文章的标题，在作者处要写上作者姓名。标题及作者姓名这两栏的格式是固定的，不能调整字体大小及颜色。写好这些之后，就可开始编辑文章的正文了。运营者可以根据自己的喜好进行正文格式的调整，以"强国有我"为例，如图4-17所示。为了更好地丰富页面，可以点击页面顶部的按钮，选择对应素材进行插入，包括图片、视频、音频、超链接、小程序等。其中图片、视频、音频如果已经储存在素材库，则可直接添加，如未提前储存在素材库，也可以在编辑页面的时候新添加。如图片可以选择"本地上传"或"从图片库选择"，视频可以选择"素材库"或"视频链接"，音频可以选择"素材库"，也可以通过输入歌名或歌手搜索相关的音乐。

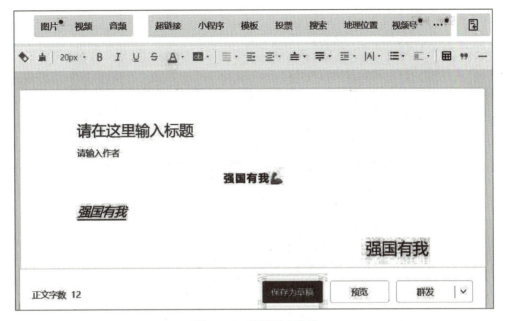

图 4 - 17　编辑图文消息

温馨提醒

丰富的素材能够使文章更加生动，但要注意原创性，如转载则需在上传时标明出处，切忌抄袭或盗用。

2. 第三方专业编辑器——秀米

相比微信公众号自带的后台排版编辑，第三方的专业编辑器能够使文章版面更加丰富、有特色，而且更高效。

第一步，打开秀米官网，如图 4 - 18 所示。

图 4 - 18　秀米编辑器官网

第二步，点击右上角的"登录"，如果已有账号，可以直接使用邮箱或者手机号码登录，也可以使用第三方平台微博、QQ 或微信登录，如图 4 - 19 所示。

如果没有账号，可以点击页面下方"注册一个"，进行新用户注册。按照步骤填写个人信息，即可注册成功，如图 4 - 20 所示。

使用邮箱或手机登录

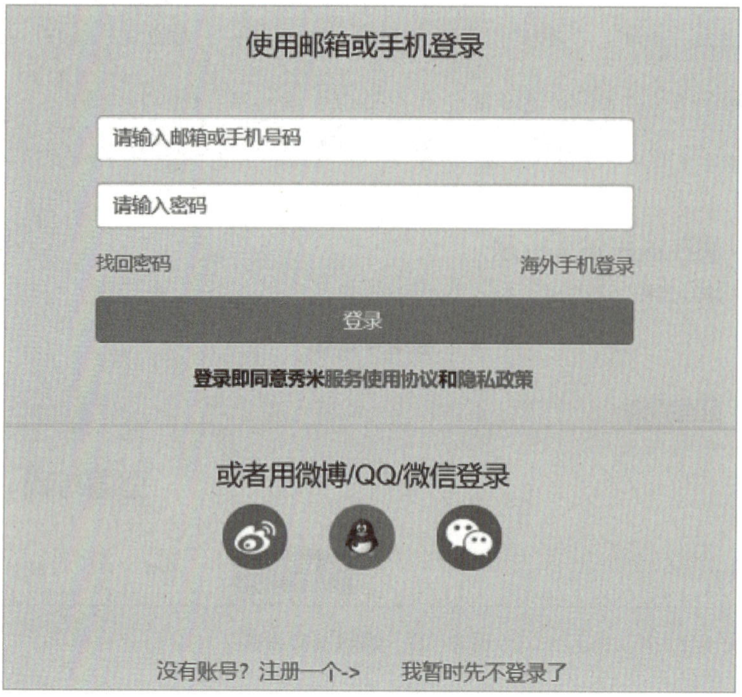

请输入邮箱或手机号码

请输入密码

找回密码   海外手机登录

登录

登录即同意秀米服务使用协议和隐私政策

或者用微博/QQ/微信登录

没有账号? 注册一个->   我暂时先不登录了

图 4-19 秀米登录方式

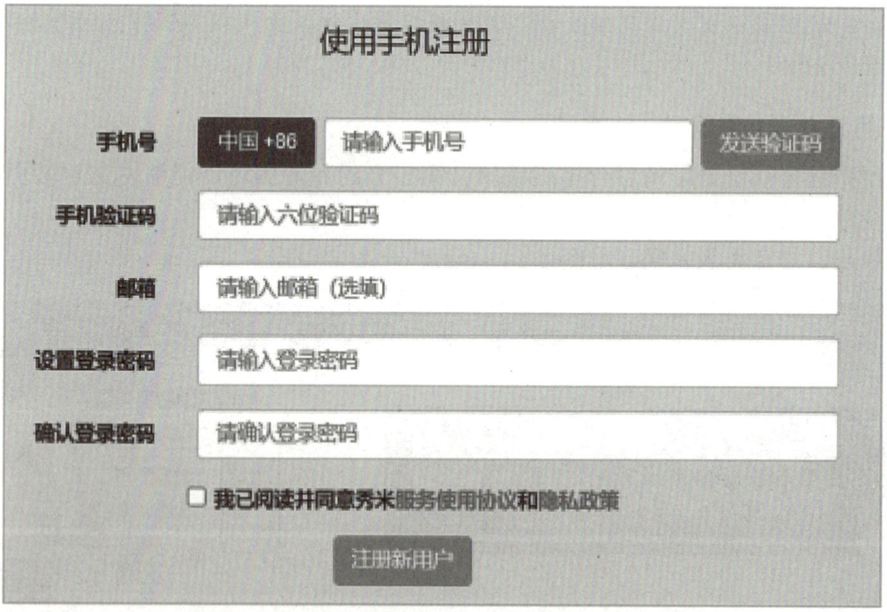

使用手机注册

| 手机号 | 中国 +86 | 请输入手机号 | 发送验证码 |

手机验证码   请输入六位验证码

邮箱   请输入邮箱（选填）

设置登录密码   请输入登录密码

确认登录密码   请确认登录密码

☐ 我已阅读并同意秀米服务使用协议和隐私政策

注册新用户

图 4-20 新用户注册秀米账号

第三步，把秀米与微信公众号绑定同步。

在秀米中绑定微信公众号开启图文同步，这样在秀米平台编辑的效果，就可以直接呈现在微信公众号平台。

方法一，在秀米首页的"图文排版"板块，点击"新建一个图文"按钮，如图 4-21

所示。

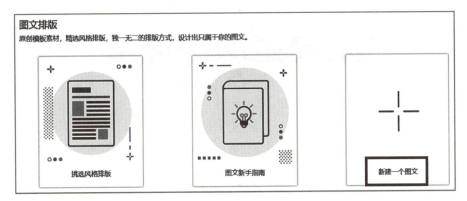

图 4－21　新建图文

　　进入页面后，点击右上方的"授权设置"，如图 4－22 所示，即可弹出"秀米授权管理"页面，点击下方按钮，即可开始授权，如图 4－23 所示。

图 4－22　秀米图文排版页面

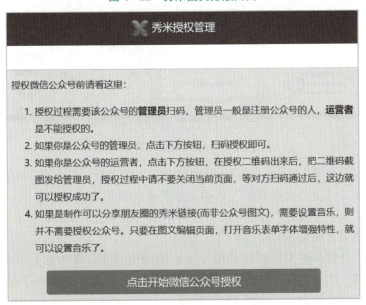

图 4－23　秀米授权管理

随后弹出"公众平台账号授权"二维码，使用公众平台绑定的管理员个人微信号扫描，即可完成绑定，如图 4-24 所示。

图 4-24　管理员扫码确认

方法二，点击秀米首页左上方的"我的秀米"，进入"我的图文"页面，然后再单击该页面上的"同步多图文到公众号"按钮，如图 4-25 所示。

图 4-25　同步多图文到公众号

进入"授权公众号"页面，运营者单击该页面上的"授权公众号"按钮，如图 4-26 所示，即会弹出"微信公众号登录"页面，接下来的操作和方法一相同，在手机的"授权确认"界面上点击"授权"按钮，即可在秀米中绑定微信公众号，开启图文同步。

第四步，用秀米编辑器制作图文消息。

首先给大家介绍一种类似微信公众号平台的编辑方法。在秀米首页的"图文排版"区域点击"新建一个图文"，即可进入"图文排版"页面，借助左侧的工具，在右侧的编辑页面进行相应的排版设计，如图 4-27 所示。

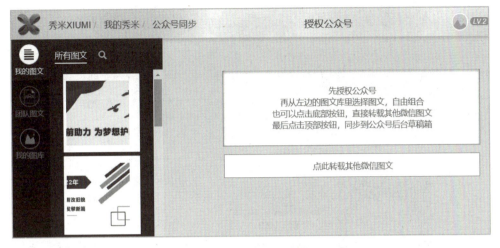

图 4 - 26　授权公众号

图 4 - 27　图文排版界面

上述的编辑方法需要运营者有熟练的平台操作技巧、敏锐的版面设计美感，并且对于秀米编辑器要有一定的使用经验。下面介绍更适合新手的编辑图文方法。

在秀米首页的"图文排版"区域点击"风格排版"，如图 4 - 28 所示，可以先根据文章的用途、行业、风格、色调等挑选自己喜欢的模板。对于一般的在校学生，建议使用免费模板，已基本可以满足排版需求。

以关键词"国庆节""中国风"为例，筛选出相关的免费模板，如图 4 - 29 所示。接着，可以点击"预览"，提前浏览模板版面情况。

在预览页面，点击"另存给自己"，如图 4 - 30 所示，即可在"我的图文"页面点击编辑。在这里要注意，采用风格排版后需替换文案内容，避免公众号原创性侵权问题。这也是我们对设计师的原创表示尊重的必要做法。在选定的模板中，大家可以看见文字

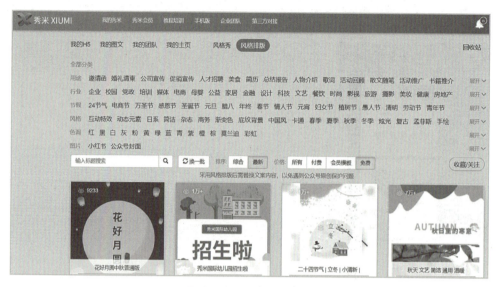

图 4 - 28　风格排版界面

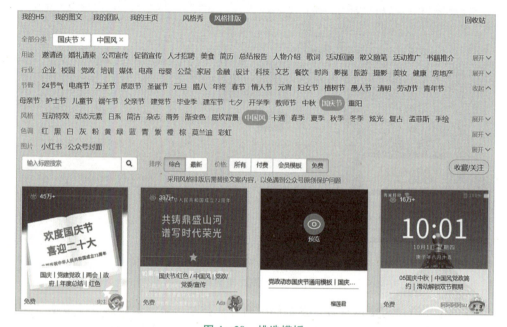

图 4 - 29　挑选模板

和图片的位置都已经排版好了，运营者只要将模板中的图片和文字换成自己的图片与文案就可以了。

在编辑的过程中，可以通过页面上方的"保存"按钮进行页面的保存。在完成文章的排版编辑后，点击上方的"预览"，即可通过扫描二维码阅览到公众号效果的文章，如图 4 - 31 所示。确认无误后，点击"更多"按钮，选择"同步到公众号"，就可以将图文消息同步到绑定的微信公众号。此后就可以在公众号后台"新的创作"板块"选择已有图文"里找到在秀米上编辑的文章。

图 4 - 30　模板预览后另存给自己

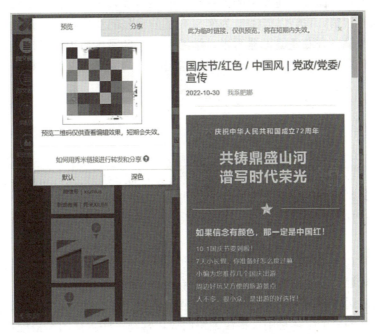

图 4 - 31　预览效果

课堂讨论

你更愿意使用微信公众号平台自带的编辑功能，还是借助第三方平台的专业编辑器？为什么？

1.2.4 抓住精准推送的时机

俗话说"来得早不如来得巧"，公众号发送推文的时间也很重要。现代社会，大家的生活节奏比较快，大部分人都是在休息的时间才刷公众号。因此，要让文章被看到，首先要选对时间。

课堂讨论

微信公众号在什么时间推送文章，被点击阅览的机会越多？

一般而言，上班前、午休时间、下班后、晚上睡觉前，都是人们刷手机的高峰期。因此结合文章的主题，可以选择在以上的时间段群发。例如，上下班路上的碎片化时间，用户比较难集中精力阅读和思考，因此适宜推送轻松、幽默、简短的文章。而午休和晚上睡觉前的时间，相对来说用户比较能够静下心来阅读，公众号可以定时推送适合午间或者晚间阅读的文章，也便于培养用户的阅读习惯，使文章效果最大化。

点亮智慧

微信公众号营销是当今新媒体营销的重要方式，通过任务 1 的学习，我们认识了微信公众号的分类，对比了不同类型的公众号功能，初步认识了微信营销的价值。为了更好地掌握公众号营销，我们以订阅号为例探究了公众号的注册步骤。借助公众号平台自带的编辑功能及第三方专业编辑器秀米，学习了如何撰写优质内容的基础上精准抓住推送时机，打造有影响力的公众号，充分发挥营销效果，为成为一名合格的微信营销运营者做铺垫。

小试牛刀

根据微信公众号营销的相关知识，请以小组为单位（3～4 人一组），完成以下探究活动。

A 公司主营业务是设计及销售中国结，为迎接"双 11"大促，希望通过微信公众号开展营销推广，扩大宣传效果，为"双 11"促销活动预热。

活动一：请注册一个订阅号，公众号名称为"A 公司"，其他基本信息参考任务背景自定义；

活动二：请在秀米平台编辑一段推文，同步到 A 公司的订阅号。建议图文结合，配图可借助网络资源，其他信息参考任务背景自定义。推文内容参考如下：

中国结是由远古时期的结绳记事，推展至汉朝的礼仪器物，再演变成今日装饰的编织手艺。中国结的每个结都是用一根线编织而成，常与一些吉祥图案搭配在一起，如龙、元宝、铜钱、玉石、鱼等，造型独特、绚丽多彩。古往今来，中国结一直都是吉祥如意、财源广进、喜庆洋溢的象征。中国结作为中华民族的一项历史文化遗产，有着丰富的文化内涵。它已走向世界，让更多人认识中国传统文化。

▶ 任务 2　微信群营销

◎ 知识直通车

微信群作为当今重要的互联网社交平台，它的出现带来了新的"群"社交群体传播和组织传播方式。在用户信赖方面，微信群被认为是普及度最高、更新最快、最值得信赖的信息传播平台，产生的用户购买欲望也很高。微信群为微信营销提供了必要的沟通工具和推广渠道，因此微信群营销已经成为微信营销的重要方式。

2.1　微信群营销的优势

微信群是微信好友的集成平台，微信群营销有利于目标客户的集结和信息的精准推送。对于微信群运营者来说，微信群运营的最终目的是实现商业变现，赚取利益。那么如何建群，微信群营销又有哪些优势呢？我们接下来一一探究。

☑ 课堂讨论 ▮▮

1. 你有多少个微信群？
2. 你知道如何组建微信群吗？

2.1.1　快速组建微信群的方法

微信群可以"被加入、可选择、随时退、随时进"，因此给了用户多种自由的选择。一般的用户建微信群的人数上限是 500 人，你可以建多个群和你的好友进行交流。点击微信界面右上方"+"，就可以看到建立微信群的方法一共有三种。

方法一，点击"发起群聊"，可以直接在通讯录中挑选群成员，点击右下方的"完成"，微信群创建成功。也可以选择面对面建群，和身边的朋友输入同样的四个数字，进入同一个群聊。

方法二，转发建群，打开微信，长按任意一条信息，在弹出面板上点击"转发"，跳转后点击"创建聊天"，即可选择联系人建群。

方法三，聊天建群，进入你想要群聊的某一位人员聊天信息界面，点击右上方的"..."，就可以在联系人右侧的"+"添加群聊的联系人，完成建群。

✍ 温馨提醒

微信群的人数上限是 500 人，当人数超过 100 人时，则需要验证才能进群。当微信群里少于 40 人时，群内的任何一个人都可以直接把其他人拉进群里。当微信群人数超过 40 人时，邀请朋友进群则需要得到对方同意。

2.1.2　把握微信群营销的优势

微信作为社交工具，如今已经渐渐摆脱了单纯社交工具的外衣，而是集社交、娱乐、营销等于一体的生活软件了。微信群的出现带来了新的社交群体传播和组织传播方式，也为新媒体营销注入了新的力量。

📋 课堂讨论 ❙❙

结合生活实际，讨论微信群营销有哪些优势。

1. 用户量大

腾讯 QQ 有着庞大的用户群体，而微信用户基本上都是从 QQ 用户延伸过来的，所以微信用户在初始值上就非常大。而微信群营销有着简单、方便和容易操作等特点，有意向的用户都可以轻松成为群聊中的销售者和购买者。

2. 传播高效

依托互联网传播速度快的优势，微信群营销也有着传播高效的特点。只要有网络及上网设备，运营者就可以把营销信息发布出去，每一条新消息就可以即时地送到用户手机上。而群内成员也可以向身边有同样需求的朋友进行传播裂变，进一步提高营销效果。

3. 成本领先

首先，下载和使用微信 App 都是免费的，使用软件内的基础功能也是免费的。因此，运营者和用户都可以 0 成本使用微信进行互动沟通。此外，相比传统营销及淘宝等电商平台，微信群营销可以借助文字、图片、视频、语音等进行宣传推广，因此能够在宣传费和广告费上很好地降低成本。

4. 方便快捷

运营者通过微信群能够第一时间把营销信息传达给用户，在群聊中就可以随时随地进行营销推广，既方便也快捷。消费者只需要打开微信群，就能够轻松获得购物等咨讯，可以根据自己的需求轻松下单购物。

5. 精准营销

可以通过扫码或好友邀请进入微信群，所以微信群内的用户在很大程度上是有着相似兴趣或需求的人。微信群是一个熟人社交的地方，私密性强，表面上是用户添加，实质得到的则是一些精准用户。运营者容易在这部分人群中挖掘需求和痛点开展营销。此外，无关的用户一般很少会进群，因此群内实施营销的精准性就更高。

6. 方式多元

相比传统营销方式，微信群营销方式更加多元化，可以群发文字、图片、语音、视频等内容。用户可以借助丰富多样的呈现方式获取自己想要的资讯，从而更好地刺激消费欲望。因此，多元的营销方式可以更好地拉近与用户的距离，使营销活动变得更生动有趣。

2.2 微信群的运营要点

微信群营销是以运营者与群友之间的沟通与信任为基础。微信群将需求相似的人群聚集在一起，并将群聊中的用户转化为消费者。因此，掌握微信群的运营要点，能够更好地提升营销效果。

课堂讨论

你所在的微信群里出现过哪些营销活动？什么样的微信群让你更愿意停留？

2.2.1 准确定位

在创建微信群之前，我们要明确微信群的定位是什么。微信群的定位无非两种：一种是无特定功能、无特定作用的闲聊群；另一种则是有特定作用或提供特定功能的特定群，如外卖红包群、旅游发烧友群、技能考证备考群、母婴羊毛群等。特定群里面的群员必须是特定的群体，清楚群的定位和附加的功能，从而打造群文化。群文化可以是共同理念或共同追求，以此来促进大家共同成长和进步。运营者可以结合群定位，丰富群文化，使用推广宣传、创意互动、销售产品、情感互动等方式开展营销。

2.2.2 明确群规

无规则不成方圆，运营者要想运营好微信群，就需要制定清晰明了的群规。运营者要告诉进群的群友，群内聊天要遵守群规。很多微信群就是因为没有正式的群规以及严格的文字说明，进群门槛没有明确的要求和标准，导致进群后乱发广告、胡言乱语、私下添加好友、只"潜水"抢红包的人比比皆是。严格的群规说明很重要，建议群规中包括以下几点：第一是明确最基本的要求，如组建本群的原因、群内成员的昵称命名方式、聊天规则、能否私自添加好友或拉人进群等；第二是文明有礼，遵纪守法，传播正能量，如不得谈论或传播淫秽等低俗信息，不得对群内成员进行人身攻击，不得有任何违反国家法律法规的言论或行为；第三是结合群定位设定特殊规则，如该群为某公司的品牌宣传及产品营销群，则禁止在群内发布与此公司无关的其他广告信息。

2.2.3 巧设公告及管理员

群公告的作用类似于产品使用说明，是新人了解群的第一步。所以我们应该在群公告中凸显群的氛围，标明要求新群友做的事情，如进群后做自我介绍。对于群主来说，群公告就是一个很好的向所有人发布公告信息的功能。当群里有重要通知时，群主可以通过这一功能第一时间向群友们发布。这样就可以做到重要的事情不被用户遗漏，也能避免聊天记录太长而影响用户筛选重要的信息。

一个微信群除了群主之外，管理员的作用也不可小觑，就好比一个企业，群主是CEO，那么管理员就是分管各部门的直接领导人。管理员能在管理微信群的过程中起到重要作用，包括发布群公告、修改群名称、设置进群方式、添加或者移除群友等，从而提高微信群的规范性及实用性，促进群内友好交流。因此，一个群一般设有多位管理员，每位管理员都有各自的分工，例如，负责群内成员的维护、管理微信群的信息内容、负责审核广告与组织活动等。各位管理员要通力合作，共同促进微信群的营销作用。

2.2.4 互动分享

微信群因操作的便捷性、人际交流的高时效性、内容推送的丰富性以及消息推送的精确性受到广大用户的喜爱。微信群营销的关键是保持活跃度，互动是提高活跃度最好的方式。因此做好群内互动尤为重要，互动可以分为线上和线下活动。线上活动可以是组织主题促销节，或者组织大家做话题分享。线下活动可以举办地方沙龙或者论坛，或者组织其他大家可以一起做的事情。

以线上的产品促销活动为例，可以专为微信群的群友组织一个新品内购会，只要满足一定条件即可参加内购会。例如，需要是群内成员、一年内至少在本群消费一次、转发新品内购会消息到三个群、邀请三位新人进群等。通过设置参与门槛，多方面提高群友的参与性，从而提升群内活跃度。

2.2.5 输出价值

要想保持微信群的高度活跃和群成员对群产生高度的黏性，就一定要有持续的有价值的内容输出。微信群可以"被加入、随时退、随时进"。人们进入一个群，不外乎几个需求：拓展人脉、学习提升、掌握资讯、分享聊天、购物消费等。很多群友在成交之前都不了解你，也不了解你的产品，所以，在微信群中销售产品时可能需要你帮助他先解决一些小问题，把你的产品的一部分先给他分享，这也是输出价值。

如果一个微信群能做到即使信息比较多，群员也舍不得屏蔽，那么这个群的质量就肯定不会差。因此，微信群要保持有价值的内容输出，多与群员互动探讨，不仅运营者要持续在群里分享，还要让群成员参与进来分享干货，增强用户的活跃度及忠诚度。还可以不定期地组织线下活动，并分享到群里。坚持维护好这个群，将会在以后产生更大的价值。

2.2.6 社群迭代

对于微信群运营者来说，微信群运营的最终目的是实现商业变现，赚取利益。如果你的群一直不够活跃，就要重新建立一个群，及时止损，这就是社群迭代的表现。迭代就是要升级、更新。因此，运营者在准备迭代微信群之前，要通过群公告、发红包等方式告诉群友，本群即将解散，将重新建群。真正关注和认可这个群的群友则会主动跟着新群走，还能筛选出"僵尸粉"等不活跃的群友，从而更好地建立客户的信任。

点亮智慧

微信群作为一个网络虚拟社群，所代表的群体交往模式已成为人们生活中不可或缺的一部分。在微信群实现营销运营，信任是必须具备的条件之一。群维护的过程就是尽量做好群服务、建立群信任关系、扩大群规模。通过任务 2 的学习，我们掌握了快速组建微信群的方法，并明确知道了微信群营销的优势。为了做好群维护，我们探究了微信群的运营要点，从多方面学习如何让微信群变现，从而提升营销效果，在学习探究的过程中养成互联网经济时代的新媒体营销思维。

⚙ 小试牛刀

根据微信群营销的相关知识，请以小组为单位（3～4 人一组），完成以下探究活动。

A 公司主营业务是设计及销售中国结，为迎接"双 11"大促，希望通过微信群开展营销推广，扩大宣传效果，为"双 11"促销活动预热。

活动一：请在小组内分别使用三种方法快速组建微信群，群名称为"A 公司"，其他基本信息参考任务背景自定义；

活动二：请结合微信群的运营要点，根据任务背景（可结合任务 1"小试牛刀"）通过群公告发布"双 11"促销活动的预热消息，要求在群公告里提出每邀请三位新朋友进群则可参加一次抽奖的活动消息，其他内容可自定义。

▶ 任务 3　微信朋友圈营销

⊚ 知识直通车

微信朋友圈有着很强的社交属性，相比其他营销形式能够更轻易地向好友、粉丝和客户传递价值，能够作为人际关系来长期维持，已经成为一种新的营销渠道和工具，背后隐藏着巨大的商机。

3.1　微信朋友圈营销的特点

🖵 课堂讨论 ▐▌

1. 你的朋友圈里有微商吗？请简单评价微商的朋友圈。
2. 结合生活实际，谈谈朋友圈营销有哪些特点。

朋友圈作为微信的一个重要社交功能，其支持用户发表文字、图片、小视频，并将文章、音乐、视频等分享到朋友圈。微信朋友圈基于"熟人关系"，其信息的到达率更高，信任度更强，能够实现更好的营销效果。利用朋友圈的熟人效应进行口碑营销，不仅能快速提升品牌知名度，还能提高品牌忠诚度。微信朋友圈已经成为微信营销的重要途径。朋友圈营销主要有以下特点。

3.1.1　低成本传播，效果佳

在不考虑网络运营商收取的流量费前提下，微信朋友圈营销的成本相对于很多营销

形式来说，成本低廉，效果佳。首先，微信的下载和基础功能使用是完全免费的，不需要用户支付任何费用。其次，商家在朋友圈发布任何消息，包括文字、图片、短视频、链接等也是免费的，这大大降低了企业的宣传推广及开发客户的成本。最后，由于朋友圈营销是建立在"熟人"关系上，当产品或服务得到客户的满意时，就容易在客户的朋友圈里形成口碑营销，发生裂变，转化更多的潜在客户。

3.1.2　高精准营销，针对性强

微信可以依托腾讯 QQ 和手机通信录同步的优势，更好地提高与目标顾客人群的精准营销。因此，微信朋友圈营销也可以借助微信自带的优势实现点对点的营销信息传达。微信朋友圈跨越了运营商壁垒、硬件壁垒、软件壁垒和社交网络壁垒，将人们的现实关系搬到手机上，达成了现实与虚拟世界的"无缝连接"，让商家和企业能够开展有针对性的营销服务。商家发布信息后，潜在的消费者会主动通过点赞、评论、私聊等方式进行互动，商家掌握潜在的消费者后，可以与其点对点地有效互动、直接进行买卖交流，实施精准营销。

3.1.3　高信息曝光率，到达快

对于朋友圈营销来说，营销效果在很大程度上取决于信息的曝光率和到达率。朋友圈有一个特点是微信朋友发生了动态更新，就会提醒用户。而用户只要打开朋友圈，更新后的动态就自动出现在朋友圈里。也就是说只要用户将信息发布在朋友圈，信息就会完整无误地出现在其好友的朋友圈里，这就意味着发布的消息被浏览的概率基本接近 100%。依托于强大的信息曝光度，用户很轻易就可以把营销信息传播出去，如将活动链接、营销海报、企业二维码等一键分享到朋友圈中，所有的微信好友都可见。因此，朋友圈中好友的每一次分享、转发都是建立在熟人关系上的"一对多"，庞大的信息流推动品牌或产品营销信息以几何级数增长，这都非常有利于提高营销推广的效果。

3.1.4　沟通即时有效，速度快

微信是一款即时通信工具，朋友圈也具备了即时沟通的特点。微信朋友圈的发圈、评论、点赞、转发等，本质上就是一个沟通过程。大部分用户发布或者查看朋友圈都是通过手机操作。客户发来信息，那他此时肯定是希望你以最快的速度回复他，解决他的问题。如果等了很久也没接到回复，他肯定认为你对他不够重视，甚至认为你这个人不靠谱，也可能直接导致这个客户流失。商家与客户可以通过手机随时随地互动沟通。相对于电脑端而言，智能手机不仅拥有电脑所拥有的很多功能，而且智能手机携带便捷，使得用户非常方便地发送和接收微信朋友圈的动态信息。移动终端的便利性增加了信息传播的即时性、有效性、高效性，这给商家带来极大的营销便利。

3.1.5　半私密性互动，可信度高

用户发布微信朋友圈信息，可以选择朋友可见范围。在同一个可见范围层级内也就是三者都为好友的情况下，三者可以看见他人发布及互动的内容，而仅仅只有两者之间

互为好友时，第三方看不到其他人与同一个好友的互动信息，也就是处于不同可见范围层级的用户相互之间不能看到对方的反馈信息。这种半私密互动的特点保证了客源的独占性和信息的独占性，避免其他信息对用户产生不良干扰。此外，微信营销不同于淘宝的明码标价，用户对产品的详细信息的获取完全取决于卖家发布的广告。产品价格一般不公开，买家可以各自议价，不显示销量。买家不是朋友关系彼此看不到各自的评论，即使是共同好友，出于"面子"，一般不会给予负面评价，且卖家可以自主决定保留或者删除评论。

3.2　微信朋友圈营销的策略

📋 课堂讨论 ▌▌

1. 你认为怎样的朋友圈才能顺利卖出产品或服务？为什么？
2. 哪种朋友圈营销会让你屏蔽？为什么？
3. 结合生活实际，谈谈如何做好朋友圈营销。

微信朋友圈的关系主要来源于 QQ 通讯录或电话通讯录，也就是说微信朋友圈实质是"熟人圈子"。随着微信不断深入用户的生活，越来越多的人喜欢将自己的生活动态等内容发布到朋友圈中，而这带动了朋友圈营销的发展。要使营销信息更加广泛地传播，发挥微信朋友圈更大的营销价值，需要掌握一定的运营策略。

3.2.1　定位精准，分享价值

朋友圈营销，首先一定要有方向、有针对性、有目的地围绕某个中心进行，也就是先给朋友圈定位，这是开展营销活动的基础。其次，要对自己的目标用户定位，你的用户群体是谁？是男性还是女性？是高消费群体还是低消费群体？消费群体在哪个年龄阶段？找准目标，重视差异化需求。在微信朋友圈这样封闭的圈子，商家应时刻关注用户的动态和关注的焦点，善于从中捕捉用户的消费倾向、能力等，准确把握需求，找到自己的目标客户。用户的需求会受到各种因素的影响，企业或商家要根据用户的需求提供有针对性的产品或服务。再次是对内容定位，要想好怎么发布相关的内容去满足用户，实际上就是树立好自己的形象。如果你是做产品的，先要找到你的目标客户群体，然后进入这个群体之中，先不要去推广你的产品，而是找到这些客户群体的一些共同需求点，然后针对这些需求点找到合适的解决方法，并把这些方法无私地奉献给他们。这样你就能在他们的心中留下一个良好的印象，后期你也要持续分享一些实用的价值，如果这些价值超过了他们的预期，就为你后续的成交提供了可能。只有你得到大家的认可，你的产品才有机会得到他们的认可。所以先分享你的价值，即使你不做产品，也可以得到别人的认可，交到很多朋友。微信朋友圈定位精准营销如图 4-32 所示。

3.2.2　内容优质，海量导流

微信朋友圈是展示自我的平台，也是营销推广的渠道。朋友圈内容的质量，直接影

图 4-32　微信朋友圈定位精准营销（考证、美食、早教）

响用户的观感，进而影响营销效果。因此，优质的朋友圈内容，不仅可以展示自己的形象，还能开展各式的营销推广活动。在互联网经济时代，热点话题能够快速吸引用户的关注，引发互动，有效导流。因此，运营者可以"蹭"热点打造属于自己的产品或服务的热度。此外，朋友圈营销免不了要发广告，但频繁生硬的广告容易引起用户的不满。因此可采用适度的软广告把营销信息巧妙地融入朋友圈，如采用小故事、短视频、趣味卡通等形式，同时注意控制好朋友圈发文的数量、长度和频率。此外，也要根据产品定位和目标用户的特性投其所好。例如，你销售的产品是年轻女性使用的夏季便携小风扇，那朋友圈应该要尽量用简短幽默的文字，配备可爱有趣的图片，适度借用网络用语或热点话题，这样就能保证不错的推广效果。

3.2.3　合理数量，巧获粉丝

即使是再有趣的内容，或很优惠的产品，当微信朋友圈推送频率过高，甚至直接刷屏，就很容易导致被屏蔽，乃至被拉黑，朋友圈营销效果则大打折扣。商家要尊重用户使用微信朋友圈的习惯和刷屏的规律，也就是说朋友圈营销一定要把用户体验放在首位。朋友圈是社交分享的互动空间，要让用户从看到信息转化为购买产品或服务，首先要激发用户的兴趣，得到用户的认可，最终实现商业转化。因此朋友圈营销以顾客体验为导向进行信息推送模式的改进。商家或企业在充分利用微信朋友圈营销优势的同时，应把握好信息推广的频率和信息内容的可读性，使得潜在消费者有兴趣了解这些信息。发布信息的频次，并不是越多越好，太多往往会产生反作用，做坏口碑。商家或企业要选择合理的信息推广频率和合理的时间段，如上下班路程上的时间段，一天 2～3 次的信息推送，可以使得信息有效曝光，发挥其营销效果。

3.2.4　字数精练，精雕细琢

📋 课堂活动 ▮▮

1. 下面两条朋友圈（如图 4-33、4-34 所示），你更愿意看哪一条？为什么？

图 4-33　朋友圈广告长文案例子　　　　图 4-34　朋友圈广告短文案例子

2. 你认为一条含营销信息的朋友圈大概多少字，更容易让人接受？

微电商时代，人们都是用碎片化的时间来浏览收集信息，字数太多，容易让好友失去看内容的兴趣，再好的内容也会大打折扣。此外，大多数人看朋友圈，都是用手机进行小屏阅读。如果内容太多，篇幅太长，大家容易缺乏耐心。就像写微博一样，需要尽量在 140 字内把内容写得轻松有趣，引发大家和你互动，了解更多信息。一个好的文案，长度不宜过长，只要能将文案的主要内容及想要传递的信息介绍清楚就可以。一般情况下，140 个字就能把一个产品说清楚，如果确实觉得内容少了，你可以将其发到与微信关联的其他平台进行扩充展示。超过 140 个字，内容会被折叠，会让用户产生阅读疲劳，很可能导致用户放弃阅读。一旦出现这种情况，那么运营者创作的文案不仅无法吸引用户，还可能导致大量用户流失。如图 4-33 所示的例子，很多人不会点开"全文"看内容，效果会大打折扣。

 温馨提醒

不要把朋友圈当成展示平台，只有通过引导评论、私聊、点开文章等互动才能创造真正的沟通机会。因此，朋友圈推送的微信内容，字数最好在 140 字以内。

3.2.5　巧用配图，快速吸粉

人们天生对图形图像类信息比较敏感，因此图片的视觉效果相比纯文字来说更有吸引力。大家看朋友圈的速度很快，对大量信息都是一划而过。人们常说"刷朋友圈"，这个叫法恰如其分。在快速浏览信息的时候，图片信息就很占优势：一是增加文案的灵活性；二是提升用户的阅读体验。很多时候，用户不用打开大图，一眼扫过去就能了解基本内容。即使需要点开大图，也是能在瞬间获取信息。但文案中的图片不宜过多，只要起到锦上添花的作用即可。因此，巧妙使用图片发朋友圈，更能引发用户的关注。图片数量有讲究，尽量为 1、2、3、4、6、9 张，这样呈现出来的版面是对称的，可视化强。如果一天要发 3 条朋友圈，我们可以 1 张图的发一条，4 张图的发一条，6 张图的发一条……避免一天发的都是同一组数量图片的朋友圈，更容易引起用户的好奇与兴趣，从而刺激点击

阅览。如果我们一天发的 3 条朋友圈，全部都是同样张数的图片，那么不利于保持发朋友圈图片的活跃性，不是图片最佳的信息形态。

3.2.6 把握时间，争分夺秒

借助朋友圈开展营销，需要做到每次发的朋友圈都让尽量多的"朋友"看到，那么最佳的发布时间是怎么安排的呢？对于商家在朋友圈里发布信息的频次，并不是次数越多越好，而是商家需要对朋友圈行为进行调查，充分了解用户刷朋友圈的习惯和高峰时间段，以实现信息最有效的曝光。一般来说，发朋友圈可以抓住以下四个黄金时间：第一个时间段是 7：30—9：00，新一天的开始，也是人们在上班路上的时间，需要打发时间，信息需求量大。但这个时间大家刚起床，不适应看太多广告，因此可以使用软广告，或发一些正能量的话语。第二个时间段是 11：30—13：30，吃饭、午休时间，是大家都会拿起手机刷圈的一个黄金时段。所以这个时间段，就是运营者展示产品卖点的最佳时机了。第三个时间段是 18：00—19：00，下班路上，大家都容易在通勤路上或吃饭前看看手机，这个时间可以再次发软广告或收款截图，通过展示今天的成果，吸引用户的信任。第四个时间段是 22：00 以后，是一天中最能让人放松的时间，此时也是发布消息的好时机。运营者可以发一些与自己生活相关的，或者说产品的一些反馈。当然，更佳的手段是针对产品所对应的目标客户的活跃时间段进行发布。

3.2.7 活动丰富，创意有术

📋 **课堂讨论** ▌▌

请分享并讨论在你的朋友圈中，你所见过的朋友圈营销活动形式。说说你更喜欢哪种形式。

朋友圈营销应该强调在传播中用户的感官和情感诉求，既要关注产品的质量细节，也要关注产品推广的形式。因此，丰富的营销活动，有助于创造符合消费者喜好的体验。很多实际案例已经证明，用户对免费福利是缺乏免疫的，他们愿意通过自己的转发和分享，来换取运营者提供的免费福利。对于运营者来说，这是一大利好，是一个可以充分利用的推广方式。常见的朋友圈营销方式包括：（1）转发，利用奖品等福利促使微信好友转发；（2）集赞，将特定内容发布到朋友圈中，并集够一定数量的赞来换取某种福利；（3）评论，在评论区根据一定规则选中好友可获得一定福利；（4）试用，好友试用产品后，把使用感受发布在朋友圈即可获得代金券；（5）引流，通过朋友圈发布活动消息，引流到网上店铺或线下实体店，扩散宣传效果。无论是哪一种活动方式，都要积极和微信好友互动，让更多的人对活动产生兴趣，促使更多的好友参加活动，以达到更好的营销效果。

📋 **课堂活动** ▌▌

假设发送指定文本并配图到朋友圈，通过一定的营销活动，即可免费领取高职高考练习册。请设计一个朋友圈小活动，吸引更多的人参与。

3.2.8　黏性互动，商业变现

在微信朋友圈中，营销人员可通过评论、点赞等方式与用户进行互动。这种双向的信息交流方式，可以加深用户与营销人员之间的黏性。在进行微信朋友圈营销时，运营者要重视互动沟通及时性和形式多样化。在快节奏的今天，慢的交互反应能力会给客户留下不好的印象，要充分利用微信朋友圈即时沟通的特点及时进行互动，提高客户的满意度。同时注重互动形式的多样化，比如开展"点赞"换礼品、送红包活动等，能够有效地吸引大批的新粉。对于信息发布的内容，避免过于生硬，可以添加体验的因素，引发客户对问题的思考，无形地将产品的信息传递给客户，有效实现了营销的目标。此外，也可以邀请客户参与运营，提升他们的成就感与参与感。例如，邀请客户参观生产过程、免费试用新品、答疑茶话会等，不断激发客户的参与热情，进一步增加客户黏性。客户的黏性越高，当运营者向他们推荐产品时，他们的接受程度会越高。对于运营者来说，营销的成功率自然也更高。由此可见，运营者应该在维系老客户方面多投入一些时间和精力，尽量把他们的潜力挖掘出来，这样才能更高效地开展营销工作。

3.2.9　质量过硬，经营有道

产品的质量保障是进行营销活动的前提。许多公司把"质量是企业的生命""质量第一"等作为口号和醒目的企业标语，并在营销和销售宣传中对自己的产品与服务做出诱人的承诺。因为把质量放在第一位，向客户提供高质量的产品与服务才能让企业走得更远。产品的质量也是微信朋友圈营销关注的重点。当客户购买的产品出现问题后，客户的期待值会急剧下降，满意度也会大大降低，甚至让客户彻底失去信任感。因此，任何一家企业要生存要发展，都要千方百计提高产品质量，并不断地创新和超越，追求更高的目标。商家只有严格做好产品质量的把控，并在此基础上增加产品的附加值，才能迅速提高客户的心理满足感和认同感，从而促使客户做出购买决策和承诺。在朋友圈里做营销的一个优势在于，运营者可以通过用户的评论来分析用户的行为，从中发现他们对产品的看法，以便找到优化的方法。产品质量过硬，不仅可以打造好口碑，还能通过客户的认可而把产品相关信息转发到他们的朋友圈，进一步扩大营销效果。

温馨提醒

对于运营者来说，微信朋友圈是一个很好的积累人气、获得粉丝的平台。在看到朋友圈带来的商机的同时，也要时刻牢记诚信营销，严格遵守相关法律法规，在"熟人经济"的浪潮中，为用户带来有价值的产品与服务。

点亮智慧

微信朋友圈营销最关键的是准确识别用户需求和动机，发挥用户自主传播的力量，形成口碑营销或病毒营销的效果。在任务3中学习了微信朋友圈营销的特点和营销优势，对微信朋友圈营销有了更深的认识。对于朋友圈营销来说，最核心的两点就是分享和推荐，它能够促进用户的购买意愿，对营销具有重要的意义。因此，通过探究朋友圈营销的策略，我们需要准确把握相关营销技巧，进一步掌握微信营销人员的职业核心技能。

小试牛刀

根据微信朋友圈营销的相关知识，请以小组为单位（3～4人一组），完成以下探究活动。

A公司主营业务是设计及销售中国结，为迎接"双11"大促，希望通过微信群开展营销推广，扩大宣传效果，为"双11"促销活动预热。

活动一：请在小组内其中一人的朋友圈，发布一则关于下面这款"吉祥如意"中国结的营销信息，要求图文结合，以此提高产品曝光率，增加销售量，其他内容可自定义，产品图例如图4-35所示。

图4-35 中国结产品图例

活动二：请小组内的其他成员查看任务1发布的朋友圈，并采用转发、点赞或评论的方式，扩大营销效果，其他内容可自定义。

▶ 任务4　微信视频号营销

知识直通车

微信视频号借助微信朋友圈的强社交关系与算法推荐机制，展现出了多种营销传播优势，得到了众多企业的青睐。通过视频语言表达对用户或潜在用户的认知、态度和行为产生一系列影响，逐渐成为企业传播营销的重要组成部分，形成了企业与用户之间点对点的双向互动传播模式。

课堂讨论

1. 你日常会浏览微信视频号推送的内容吗？
2. 对比其他短视频平台，如抖音、快手等，微信视频号有哪些优势？

4.1 微信视频号营销的优势

随着短视频平台的发展与成熟，短视频领域展现出了巨大的红利，而利用短视频进行推广，也获得了越来越多企业的青睐。微信视频号营销也凭借自身的优势，有效推动着短视频营销。

4.1.1 流量平台加持

微信有庞大的用户，并且用户数量还在持续稳定增长。视频号作为微信内部的视频功能，不需要另外下载软件，平台公域流量给视频号带来的营销效果是非常乐观的。微信视频号基于微信平台本身这个强大的公域流量池，一旦开通之后，只要日常运维上了正轨，无形之中就能获得强大的公域流量加持。对于宣传推广而言，流量的重要性自然不言而喻。当视频内容创作完毕准备发布的时候，可以利用"话题功能"助力传播扩散。发布界面的下方，有一个话题功能的选项，在两个"#"中间设置你想要匹配的话题内容，完成之后即可进行发布。发布后则可非常便利地获得平台算法的推荐，让曝光率进一步提升，获取更好的营销效果。

4.1.2 强大表现影响力

互联网 5G 时代的到来，让短视频的发展越来越好，也让短视频拥有巨大的红利。现在很多传统的行业都开始尝试视频营销，微信视频号借助视频内容的视听语言手法可以有效实现用户故事和品牌形象的情感连接，挖掘潜在用户，进一步延伸品牌形象，最终强化营销效果。与此同时，人们生活和工作的节奏越来越快，时间安排得也越来越满。所以闲暇时，人们会更愿意选择有吸引力的东西来打发时间。比起图文形式，视听结合的短视频更容易获得人们的青睐。微信视频号内容丰富，让用户无须花费太多时间就能体验大千世界。视频号营销能用精湛的视频表现，吸引各行各业加入其中，影响力不容忽视。

4.1.3 操作简单便利

从操作方面来看，微信视频号无须另行搭建 PC 端后台，运营者可以直接从移动端进行剪辑和发布。而目标用户在进行浏览的时候，同样可以从微信平台进行跳转，无须下载插件即可观看。微信视频号在日常运维的时候，主要还是以视频方式进行展现。经过改版调整之后，微信视频号目前可以发布 1 分钟左右的小视频，或者是长度不超过 30 分钟的视频。视频号的视频剪辑、发布与市面上的大多数短视频平台的操作大同小异，方便用户快速熟悉操作。在视频号里进行评论、点赞、转发等操作又与微信朋友圈非常相似，操作简单，微信用户操作起来非常便利。此外，进入互联网数字经济时代以来，小程序、App 消费等已成为当前的主流移动消费形式。借助短视频便捷、迅速的特点提升用户消费的体验感，最大限度地让移动智能端的潜在用户通过视频号消费实现营销目的已渐趋主流。

4.1.4 高效传播扩散力

短视频的特点是碎片化和多元化，它不像阅读公众号文章一样需要一定的时间和较为安静的阅读环境，用户可以通过观看短视频打发碎片化的无聊时间。因此，短视频拥有高效的传播能力。微信视频号还有超强的扩散能力，微信视频号在进行传播扩散时，可以分成主动和被动两个模式。在主动模式之下，用户可以将视频号之内发布的内容分享到微信群、朋友圈，或者是单对单进行发送。在被动模式之下，用户可以对已发布的视频内容进行点赞，在点赞完成之后，朋友圈好友跳转到微信"发现"页面时，都能够看到点赞信息。如果微信好友进行点击，就可以直接跳转到被赞的视频内容。因此，微信视频号在营销过程中能使短视频非常高效、大范围地进行扩散传播，获得很好的营销效果。

4.1.5 持续多向互动性

微信视频号的算法推荐机制可将视频精准推送给更多的用户，方便他们交流产品的消费体验，借此打开用户朋友圈的观察渠道。此外，微信视频号具有点赞、评论、转发等功能，可以显示"朋友的点赞"和点赞人的头像，在网络社交中能更精确地将内容推送至粉丝，使传播意义得到进一步延伸。同时，此互动机制的成本较低，也极大地增加了用户的参与意愿。当企业发布宣传视频时，微信视频号不仅可以对接用户需求并及时做出反馈，还能打造出良性的自媒体公共关系通道，持续维护品牌形象。此外，微信视频号还可以通过鼓励粉丝制作、上传优质视频并关联品牌视频号的活动，达到与粉丝群体多向互动的传播效果，经过多轮转发后，持续性地吸引用户注意力，形成口碑宣传，可促使粉丝或潜在粉丝成为产品的忠诚用户。

4.2 微信视频号的营销技巧

对于全网营销的线上布局来说，微信视频号基于微信平台本身强大的公域流量，是一个不容忽视的推广渠道。如何有效利用微信视频号开展营销活动呢？

🖥 课堂活动 ▐▐

1. 请分享一个让你印象深刻的视频号短视频案例。
2. 请分享你认为做得好的视频号，并说说这个视频号的优点。

4.2.1 准确定位，把握发展方向

不管是运营网站、自媒体账号还是视频号，首先要做的便是找准定位。只有确定好视频号本身的定位，才能制作出更贴合受众群体的内容，达到更好、更精准的宣传效果。比如，医生可以进行医学知识的科普，律师可以进行法律知识的普及，旅游爱好者可以分享山川河流美景，有些运营者甚至会推出一系列的收费课程。要借助视频号进行营销

推广，首先要让自己的视频号自带"标签"。定位能够准确告诉目标用户，我们能提供你们所需要的产品和服务。只有定位准确，才能事半功倍，更好地把握发展的方向，让视频号越做越好。

4.2.2 内容优质，精心制作爆款

视频号营销要遵循"内容为王"的原则，做好内容是关键。做好视频号营销就要不断优化内容，让自己的内容有新意、有创意，足够吸睛，这样才能迅速吸引流量，积攒人气，扩大知名度。如何让内容更优质呢？首先内容要有价值，如可以为他人提供帮助，可以为他人带来快乐，可以引起用户的共鸣等。只有用户觉得有价值，才愿意关注、点赞、评论和转发。其次，视频的内容禁止抄袭，最好是原创的。抄袭不但会涉及版权纠纷，也会因违反平台规则导致被封号。用户更喜欢原创视频，对视频号的评价也会更高。央视新闻视频号的优质内容如图4-36所示。

图4-36 央视新闻视频号优质内容

4.2.3 精彩视频，打造视觉盛宴

优质的内容，亮眼的创意，都需要通过视频这个载体呈现给用户。因此，视频的质量，会直接影响用户的体验感，从而直接影响视频号的营销效果。目前，短视频的剪辑工具越来越多，功能也越来越强大。对于专业运营团队来说，大部分视频会通过 PC 端的专业视频工具进行编辑，如会声会影等。而对于绝大多数的视频号用户来说，移动端手机 App 编辑视频会更简单便捷，如剪映、小影等。其中剪映是一款功能非常全面的手机剪辑工具，能够让用户轻松在手机上完成 Vlog 剪辑，非常适合普通用户日常编辑视频。央视新闻视频号《航拍中国》第四集台湾的精美画面如图4-37所示。

图 4-37　央视新闻视频号《航拍中国》第四集台湾精美画面

4.2.4　亮眼文案，抓住用户眼球

一条成功的短视频除了内容要精彩，视频文案也是非常重要的一部分。好的视频文案，能够快速吸引用户的注意力，并为发布短视频的账号带来大量粉丝。那么，视频号运营者如何才能写好视频文案，做到吸睛、增粉两不误呢？首先要根据目标用户，选择符合用户口味的表达方式，如年轻人可以采用轻松幽默的文字，或者加入一些网络用语。其次要做到通俗易懂，现代社会生活节奏很快，如果还要花时间精力去猜视频文案的意思，短视频往往容易被一划而过。再次，还要突出文案重点。文案主题是整个文案的生命线，整个文案是否成功主要取决于文案主题的效果如何。因此，运营者在写文案时，应以内容为中心，用简短的文字写出突出重点内容的文案，并确保文案与视频内容相互呼应，这样用户也愿意花时间看完整个短视频。央视新闻视频号的文案如图 4-38 所示。

4.2.5　巧妙引流，快速涨粉变现

许多热门社交平台通常都聚集了大量用户。对于视频号运营者来说，这些社交平台潜藏着大量的粉丝，如果能够通过一定的方法将这些社交平台的流量引至视频号，便可以直接实现粉丝量的快速增长。对于视频号来说，从微信引流是最直接也是最有效的渠道。首先是朋友圈引流，基于朋友圈好友之间的关联性、互动性、传播范围大、可信度高等优点，在朋友圈内转发和分享方便，易于短视频内容的再次传播。其次，微信群也是能够帮助视频号引流的好媒介。微信群通常是同样目的或类似兴趣的人聚集在一起而组成的社群，因此在微信群里宣传推广视频号，容易促使群友开展讨论，引发二次传播，进而实现裂变传播，为视频号带来更大的关注量。通过微信群的辅助宣传，不仅能帮助视频号实现初期流量积累，也可以带来更多的流量曝光。再次，微信公众号推文形式多样，表达方式丰富精彩。运营者也可以借助微信公众号进行视频号引流。微信公众号有

文案：
如梦似幻！
金秋时节，一起感受昆明版的
"天空之境"。

点评：
言简意赅，重点突出，给人以
身临其境的感受。

图 4-38　央视新闻视频号文案

稳定的粉丝用户，用户在阅读推文时发现视频号，进而触发点击，引起兴趣，培养黏性，转变为视频号粉丝。只有当视频号有足够的粉丝基础，在视频号开展营销活动才能有效实现商业变现。人民日报通过微信公众号引流到视频号如图 4-39 所示。

图 4-39　人民日报通过微信公众号引流到视频号

💡 点亮智慧

随着抖音、快手等短视频平台的飞速发展，很多企业将目光投向了短视频领域，微信视频号为企业提供了新的营销推广渠道。在任务 4 中总结了视频号流量平台加持、强大表现影响力、操作简单便利、高效传播扩散力、持续多向互动性等优势，并结合互联网数字经济时代的特点，探究了视频号的准确定位、内容优质、精彩视频、亮眼文案、巧妙引流等营销技巧，明确视频号在当今微信营销中的重要性，与微信公众号、朋友圈及微信群形成系统的微信营销思维，进一步培养敢于创新与严谨细致的职业意识，养成 5G 时代的微信营销思维。

🎯 小试牛刀

根据微信营销的相关知识，请以小组为单位（3～4人一组），完成以下探究活动。

A公司主营业务是设计及销售中国结，为迎接"双11"大促，希望通过微信群开展营销推广，扩大宣传效果，为"双11"促销活动预热。

活动一：请结合中国结的产品特色，撰写一条视频号文案标题；

活动二：请简述你如何通过微信公众号、微信群及微信朋友圈为视频号引流，进一步为"双11"促销活动预热，其他内容自定义。

📋 匠心荟萃 ▮▮

在项目4的学习中，我们共同学习了微信公众号的类型、微信群营销及视频号营销的优势，以及微信朋友圈营销的特点。掌握了基础理论的同时，也探究了微信营销的相关核心技能，学习了注册微信公众号，并使用公众号平台及秀米平台编辑推送文章，把握住微信群营运要点并进行微信群管理及营销，还能够选择合适的微信朋友圈营销策略及灵活使用微信视频号技巧合理规划营销活动。在实操任务中养成乐于分工合作完成任务的团队精神，有效实现理实一体化。在学习的探究活动中，正确认识了微信的营销价值，养成既敢于创新又严谨细致的职业素养，培养网络经济时代的微信营销思维，为成为一名合格的微信营销运营人才奠定基础。

请结合本项目学习表现，完成下述学习评价：

学习目标	内容	优	良	中	差
知识目标	1. 能区别微信公众号的类型				
	2. 能罗列微信群营销及视频号营销的优势				
	3. 能说出微信朋友圈营销的特点				
技能目标	1. 能够注册微信公众号，并使用公众号平台及秀米平台编辑推送文章				
	2. 能够准确把握微信群营运要点进行微信群管理及营销				
	3. 能够选择合适的微信朋友圈营销策略开展营销活动				
	4. 能够灵活使用微信视频号的营销技巧合理规划营销活动				
素养目标	1. 正确认识微信的营销价值				
	2. 敢于创新，培养网络经济时代的微信营销思维				
	3. 养成严谨细致的职业素养，乐于分工合作完成任务				
学习总结与收获					

巧思妙练

【单选题】

1. 主要为用户提供信息和资讯，更适合个人和组织申请和运营的是哪种公众号？（　　）

A. 订阅号　　　　　B. 服务号　　　　　C. 企业微信　　　　D. 小程序

2. 微信群的人数上限是 500 人，当人数超过多少人时，则需要验证才能进群？（　　）

A. 100　　　　　　B. 200　　　　　　C. 300　　　　　　D. 400

3. 微信朋友发生了动态更新，朋友圈就会提醒用户。而用户只要打开朋友圈，更新后的动态就自动出现在朋友圈里。这是朋友圈的哪个特点？（　　）

A. 低成本传播　　　B. 高精准营销　　　C. 高信息曝光率　　D. 沟通即时有效

4. 短视频的剪辑工具越来越多，功能也越来越强大。以下哪一个是常见的移动端手机 App 视频编辑工具？（　　）

A. Pr　　　　　　　B. 会声会影　　　　C. 爱剪辑　　　　　D. 剪映

5. "怎样有效避免成人学习英语的 7 个误区？"是哪种标题类型？（　　）

A. 直言式　　　　　B. 命令式　　　　　C. 提问式　　　　　D. 导向式

【多选题】

1. 微信公众号包括哪些类型？（　　）

A. 订阅号　　　　　B. 服务号　　　　　C. 企业微信　　　　D. 小程序

2. 快速组建微信群的方法有哪些？（　　）

A. 发起群聊　　　　B. 转发建群　　　　C. 面对面建群　　　D. 聊天建群

3. 微信群营销的优势包括哪些？（　　）

A. 用户量大　　　　B. 成本领先　　　　C. 广泛营销　　　　D. 方式多元

4. 朋友圈发布的黄金时间包括哪些？（　　）

A. 6：00—7：00　　B. 11：30—13：30　C. 18：00—19：00　D. 22：00 以后

5. 视频号营销的优势包含哪些？（　　）

A. 流量平台加持　　　　　　　　　　　B. 强大表现影响力

C. 操作简单便利　　　　　　　　　　　D. 持续单向互动性

【简答题】

1. 如何撰写微信公众号的优质内容？

2. 微信群的运营要点包括哪些？

3. 微信朋友圈营销的策略有哪些？

4. 如何有效利用微信视频号开展营销活动？

【综合实训题】

以小组为单位，分工合作完成微信营销策划及实施，具体要求如下。

任务背景：

A 公司主营业务是设计及销售中国结，为迎接"双 11"大促，希望通过微信营销扩大宣传效果，预热"双 11"促销活动，刺激销量。

实训任务：

微信营销策划：确定微信营销主题，制订营销计划，设计营销方案，填写下表：

序号	项目	简要策划内容
1	微信营销主题： 结合中国结及"双 11"	
2	营销计划： 时间范围在 10 月 1 日—11 月 15 日	
3	营销方案： 要求在微信公众号、微信群、微信朋友圈、微信视频号中选择不少于 2 种形式开展营销活动	

项目5

视频营销：牵引抓手高效转化潜在客户

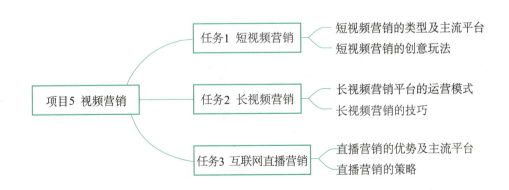

学习目标

● **知识目标**

1. 能罗列短视频营销的类型；
2. 能描述长视频营销平台的运营模式；
3. 能说出直播营销的优势及主流平台。

● **技能目标**

1. 能够完成短视频平台账号定位、养号与设置；
2. 能根据所学短视频营销的创意玩法开展短视频营销运营；
3. 能够灵活使用长视频营销技巧开展营销活动；
4. 能巧妙运用直播营销策略开展直播营销活动。

● **素养目标**

1. 培养创新意识，培养敢于实践的动手能力；
2. 培养爱岗敬业的职业精神及互帮互助的团队协作精神；
3. 践行党的二十大精神，增强民族自信心和自豪感。

知识框架图

	任务1 短视频营销	短视频营销的类型及主流平台 短视频营销的创意玩法
项目5 视频营销	任务2 长视频营销	长视频营销平台的运营模式 长视频营销的技巧
	任务3 互联网直播营销	直播营销的优势及主流平台 直播营销的策略

项目导入

随着信息化及多媒体时代的深入发展，各种信息传播手段越来越丰富，其中视频因其生动且表现力强的特点备受欢迎。据统计，截至 2024 年 12 月，网络视频用户规模为 10.70 亿，其中，短视频用户规模为 10.40 亿，网络直播用户规模达 8.33 亿。随着网络视频行业的迅猛发展，各种视频平台层出不穷，如传统的视频平台优酷、爱奇艺、腾讯视频等，近几年爆火的短视频平台抖音、快手等。随着视频平台与电商的结合，视频平台超强的"带货"能力逐渐凸显出来，直播带货成为主流，视频营销已完全融入人们的生活中。

课堂讨论

1. 你一般在哪些平台浏览视频？你在浏览视频的过程中获得了什么？
2. 在视频中一般用何种形式开展营销活动？请用自己的话简单描述。

典型工作任务

⊙ 职业情境

D 公司是一家视频营销策划企业，近几年，它积极响应党和国家的号召，为各地特色农副产品提供视频营销服务，为电商助农和乡村振兴贡献力量。D 公司近期接了四会砂糖橘的年终大促项目，为提高销量，准备进行视频营销策划，以更好更全面地宣传四会砂糖橘。

⊙ 任务分析

结合年终大促背景，紧扣四会砂糖橘，在明确视频营销形式的基础上，掌握视频营销的策略与技巧，并选择合适的视频营销方式开展营销活动。

⊙ 素养园地

党的二十大提出要全面推进乡村振兴，加快建设农业强国。通过策划宣传四会砂糖橘，助力四会振兴乡村，使学生在学习与实践过程中领悟党的二十大精神，并增强民族自豪感和自信心。借助视频平台开展营销活动，有利于培养学生的创新意识和敢于实践的职业精神。

⊙ 头脑风暴

你将如何开展任务探究，以便更好地完成视频营销的工作任务？

▶ 任务 1　短视频营销

◎ 知识直通车

随着 5G 时代的到来，短视频逐渐成为人们生活中获取信息的主流方式，越来越多的年轻人把刷短视频作为一种生活习惯，短视频蕴含的商机是非常大的。近几年，短视频已经成为商家营销变现的最佳途径。

1.1　短视频营销的类型及主流平台

随着短视频的火热，涌现出一大批短视频平台，也吸引了大批电商运营人员的注意，因此短视频营销也逐渐火爆起来。由于营销内容的不同，短视频营销呈现出不同的类型，目前主要有按短视频的垂直内容分类和按产品在短视频中的呈现方式分类这两种分类标准。

1.1.1　短视频营销的类型

1. 按短视频的垂直内容分类

当下，各短视频平台的短视频内容各式各样，按内容细分来看，主要有趣闻/搞笑类、美食分享类等 10 大类，而最受用户喜爱的是趣闻/搞笑类、知识技能类、萌娃/萌宠类以及影视解说类。

（1）趣闻/搞笑类：这是快速增粉的类型，很受用户喜爱。但是趣闻/搞笑类的视频难点在于原创，且在表演过程中要有自己的特色，才能与其他同类型的账号区分开来。趣闻/搞笑类的短视频，只要做得有个性，内容做得好，可以很快火起来。趣闻/搞笑类涵盖了全部的娱乐类别，如小品、段子、笑话、脱口秀、奇葩事件等。

（2）知识技能类：这是很多初学者会感兴趣的一种类型。短视频运营人员可以结合自己所擅长的点有步骤、有计划、有目标地跟用户分享一门技能的入门全过程。这类短视频要求运营人员针对自己选择的领域，保持稳定的内容产出，并且产出的内容是贯穿一个主题的，而且产出的内容必须是对用户有参考价值的。知识技能类的涵盖面也很广，如摄影摄像技能、各种设计技能等，如图 5-1 所示。

（3）萌娃/萌宠类：这种类型受用户欢迎是因为无论是萌娃还是萌宠都非常可爱，很容易受到用户的喜爱。萌娃/萌宠有很多无意识的搞笑幽默瞬间，软萌可爱，很容易融化人的内心，尤其是那些聪明伶俐的萌娃/萌宠，其圈粉能力更强。如抖音号"馒头某墩儿"的短视频就是以萌娃的一些生活日常为主，以其可爱乖巧、高情商迅速圈粉，如图 5-2 所示。

（4）影视解说类：运营人员选择热门影视剧或综艺，通过精心剪辑制作出富有新意

图 5-1　知识技能类视频

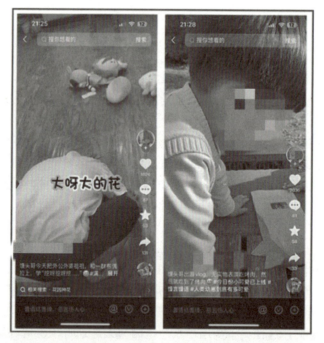

图 5-2　"馒头某墩儿"的视频

的影视解说类作品。这种类型的作品一般凭其独特的或能引起用户共鸣的解说角度来吸引用户，有些不想花多时间去煲剧但又想知道完整剧情的用户就会更愿意看影视解说类的短视频来满足自己的好奇心。

课堂活动

请根据以上对于每个类型的描述方式，结合网络资源，尝试完成下表。

内容类型	概念	特色/特点	突出案例
美食分享类			
美妆/穿搭类			
才艺展示类			
运动健身类			
商品测评类			
旅行攻略类			

2. 按产品在短视频中的呈现方式分类

各大短视频主流平台盛行电商带货，产品也通过不同的形式出现在短视频中，以吸引用户点击并购买，主要的类型有以下五大类。

（1）直接推荐产品：指在短视频中直接向用户推荐产品，这一类型适用于本身就很有创意或很实用的产品。如一些实用的小物件：10 件外出旅游好物、10 件全网很火的厨房收纳神器等，如图 5 - 3 所示。

图 5 - 3　直接秀出产品

（2）侧面呈现产品：指在短视频中不刻意强调这个产品，但在视频中多次出现，以加深用户对产品的印象，如在视频中不经意间使用或展示产品的功能，或展示消费者的使用热度等来宣传该产品。这一类型适用于一些功能没有太多亮点的产品。如图 5 - 4 中消费者排队抢购的场景就是从侧面反映产品的热度。

图 5-4　消费者排队抢购的场景视频

（3）场景植入或体验：指通过产品的特性去塑造特定的场景，短视频博主在这特定的场景中使用和体验产品，以展示产品的实用性或趣味性等，激发用户的购买欲。如在生活小窍门或者某个搞笑片段的场景中植入相关联的产品。

（4）预告促销活动：指在短视频中预告某产品或某网店的大促活动，这种类型一般用在节假日活动大促前。例如"双 11"大促前，可以通过教用户基于电商购物平台的活动规则如何凑单叠加优惠券购买才是最省钱的，以此来获得用户的信赖。

（5）展现品牌或企业文化：指在短视频中适当展现产品的品牌或企业文化氛围，这一类型一般用得比较少。在短视频营销过程中，为了塑造亲民的品牌形象或展示富有特色的企业文化，可以适当拍摄相关的视频来宣传，以提高用户对产品品牌或企业文化的认知度。

💬 **课堂讨论** ▌▌

　　假设某短视频博主想通过短视频营销助农，如果你是该博主，你会选择哪一种类型或结合哪几种类型？为什么？（言之有理即可）

1.1.2　短视频营销的主流平台

　　目前，主流短视频平台有抖音、快手、西瓜视频、美拍、小红书、腾讯微视等，如图 5-5 所示。

1. 抖音

　　抖音是北京字节跳动科技有限公司开发的一个短视频平台，目前，抖音除了最基本的视频浏览、视频录制功能以外，还推出了直播、电商等功能，不断探索和丰富短视频

图 5-5　主流短视频平台

平台的商业模式。抖音凭借个性化的推荐机制吸引了不少用户，主要为一二线城市的中产用户，截至 2024 年 10 月，抖音的月活跃用户数达 7.86 亿，加上抖音平台后端服务上的优势，这对短视频营销也是相当有利的。

2. 快手

快手是北京快手科技有限公司旗下的短视频平台，致力于打造社区文化氛围，依靠短视频社区内容的自发传播，促使用户数量不断增长。快手用户一般分布在二三线城市。截至 2024 年第三季度，快手的月活跃用户数为 7.14 亿，稳居短视频领域的榜二。为了方便用户发布更多的原生态内容，快手的设计以简单、清爽为主，使用户更专注于内容。

3. 西瓜视频

西瓜视频是北京字节跳动公司旗下的一个精准的个性化推荐短视频平台，它基于人工智能算法为用户做短视频内容推荐，致力于成为"最懂你"的短视频平台。西瓜视频拥有众多垂直分类，专业程度较高，截至 2024 年 12 月，它的月活跃用户数为 1.8 亿。

温馨提醒

视频创作者可借助易撰平台更高效地创作视频内容。易撰有免费版、标准版、专业版和终身版。免费版只能使用编辑器的基础功能，不能自由地使用视频库等素材，若想更灵活地使用编辑器功能，更全面查看各类素材库的数据，并能跟进视频等的数据情况，建议使用专业版和终身版，对短视频营销更有帮助。

4. 美拍

美拍是美图科技旗下一款女生视频社区，主要分享女生间的新鲜事。美拍的用户定位主要是那些追求更精致的视频效果和更美画面感的人群。美拍在专业化的兴趣社区打造方面已有一定的成效，设有"美妆""穿搭""宝妈"等多个垂直频道，可以让用户自由地选择自己喜欢的内容类型，由此形成兴趣社区。

5. 小红书

小红书是行吟信息科技旗下的融图文笔记和短视频为一体的种草平台，是一个备受年轻人喜爱的生活方式社区和消费决策入口。小红书的用户群体主要是新锐白领、单身贵族和精致妈妈等。截至 2025 年 2 月，小红书的月活跃用户数达到了 2.1 亿。基于小红书的精准匹配机制，品牌商家和视频博主可以通过平台大数据来提升营销"种草"的精准度。

6. 腾讯微视

腾讯微视是腾讯旗下短视频创作平台和分享社区，用户不仅可以在微视上浏览自己感兴趣的短视频，还可以通过创作短视频发布到平台上以分享自己的所见所闻。截至 2024 年 12 月，微视的月活跃用户数为 0.5 亿。微视的目标非常清晰，就是快速切入短视频社交领域，挖掘更多的机会点，打造战略级产品。

📋 课堂活动 ▋▋

每个短视频平台都有自己的特色，请基于以上内容的学习（结合网络资源），总结各平台的上线时间、内容定位、用户群体定位以及最新公布的用户量，完成下表。

平台名称	上线时间	内容定位	用户群体定位	月活跃用户数

1.2 短视频营销的创意玩法

虽然每个短视频平台都有自己的特色或内容定位，但是它们有共同的特征，即用户可以分享各种事和物，可以看到他人的分享，并且可以进行点赞、评论、转发等互动。随着短视频与电商通道的打通，逐渐形成了一套短视频营销玩法。这里以抖音短视频平台为例，阐述短视频营销的创意玩法。

1.2.1 账号定位明方向

在抖音平台，开设抖音账号并不难，难的在于找准账号定位。只有定位清晰、准确，才能在创作短视频时更有方向感，这对于账号后续的运营能起到事半功倍的作用。

1. 短视频营销内容类型定位

短视频营销内容类型定位可以从以下四个方面着手。

（1）发现自己做过并被人称赞的事情：可以好好地进行自我审视，回顾自己曾做过的且被人称赞次数最多的事情，如嗓音不错，经常被别人说唱歌好听。

（2）挖掘比别人学得快且用得好的技能：关注一下自己学习什么技能比较快，如自己对摄影的学习上手得非常快，可以有意地挖掘自己这方面的技能。

（3）找到自己热爱且能持续专注的事情：关注自己是否试过非常专注地去做某件自己热爱的事。如自己喜欢书法，经常会因为练字而废寝忘食。

（4）分享自己丰富的且对别人有帮助的经验：回顾一下自己哪一方面的经验是比较丰富的，如宝妈在育儿方面有丰富的经验，可以分享育儿经验。

2. 短视频营销内容表现形式定位

短视频营销内容的表现形式不同，给用户的观感也不同，一般情况下，可以考虑以下几种形式。

（1）实物出镜更真实：通过真实的人和物来展现内容，让视频内容更真实，代入感也更强，容易引发用户的共鸣。真人出镜和动物出镜都属于实物出镜的范畴，如图 5-6 所示的小花狗就是属于实物出镜。

图 5-6　"小花狗的每一天"的短视频

（2）动画形式更专业：生动形象的动画形式很受用户喜爱，自身比较专业或有专业团队的短视频运营者可以考虑用这种形式。

（3）图文形式更简单易做：图文形式就是图片与文字相结合的形式，这是相对比较简单易做的一种形式，但会让人觉得单调、呆板。所以采用图文形式时需考虑图片和文字是否相符，是否有吸引力，是否能引起用户的共鸣。

（4）解说形式更考验创意：解说形式一般指影视作品的解说，这种形式的短视频数量很多，竞争也激烈，所以在使用该形式时需要短视频运营者更有创意地去解读视频以获得优势。

（5）情景短剧更"吸粉"：情景短剧是通过剧情设计与角色扮演的形式将中心思想传达给用户，以剧情吸引用户。有吸引力的剧情及生动自然的表演，容易让用户产生共鸣，"吸粉"效果也会很强。

（6）Vlog 形式更生活：Vlog 的全称是 video blog，即视频博客，如图 5 - 7 所示。Vlog 形式一般重在记录生活，但要拍出好的效果，需要有主题，突出重点，也要提前做好构思，在后期剪辑时需要保证叙述过程流畅。

图 5 - 7　Vlog 短视频

3. 短视频营销人设定位

人设是短视频营销内容创作的灵魂，因此做好人设定位至关重要。在短视频人设定位中，可从以下几方面进行考虑。

（1）我是谁：明确性格特征、形象特征、标志性的动作或口号等，打造一个个性鲜明、富有吸引力的人设。如"小李飞叨李某洋"塑造的形象就是一个宁夏"辣妈"，生动的宁夏方言和不经意间的白眼都是他鲜明的个性特征。

（2）我是干什么的：结合定位的视频内容类型、表现形式、受众群体等，传达符合人设的内容或价值理念能更容易打动受众群体，并引起共鸣。如抖音号"某不是白吃"就是妥妥的一枚吃货，用可爱的动画形象，从独特的角度介绍各种食物的冷知识，让用户重新认识各种食物。

（3）我想达到什么样的效果：即希望实现什么目标：是否正确传达想表达的内容、能否为用户提供帮助、用户是否喜欢自己的内容、用户是否乐意传播自己的内容等。

4. 短视频营销定位法

在当下短视频营销过程中，可采用九宫格联想法和万能公式定位法来辅助定位。

（1）九宫格联想法：以某一个主题为中心进行发散性联想，从而完成账号定位，这种方法可以帮助完成内容类型的定位，如图 5 - 8 所示。

（2）万能公式定位法：综合垂直内容类型定位、表现形式定位和人设定位的一种综合性定位方法。通过万能公式定位法可以帮助短视频运营者进行更有效更全面的定位，具体如图 5 - 9 所示。

图 5-8 九宫格联想法

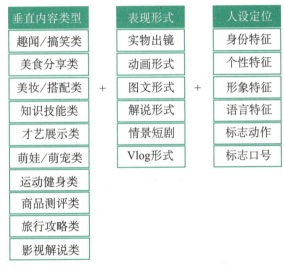

图 5-9 万能公式定位法

课堂活动

请根据自身或团队的实际情况，使用九宫格联想法和万能公式定位法，尝试完成短视频营销账号的定位。

1.2.2 抖音养号作铺垫

养号是容易被忽略的一个环节，注意以下几点，能有效完成账号养号，为后面的短视频营销作铺垫。

1. 确保简单的登录环境

在养号过程中建议遵循"一机一卡一号"的原则，确保简单的登录环境。这是因为抖音平台内部有 IP 查询功能，每一个接入抖音的设备，其特征码、网络 IP 和物理地址等都会被记录，尽量不要连接公用 Wi-Fi。"一机一卡一号"的原则能避免账号被系统标记为小号，这是最基本的前提条件。

2. 提高账号健康度，让系统判定为正常安全的账号

账号的资料完整度对养号是非常重要的，应全面根据账号定位完成账号资料设置。

（1）账号头像要与账号定位的风格一致，比如做美食分享类的，头像的设置要与美食分享相关。

（2）账号昵称的设置应简单易记、个性新颖，切忌加特殊符号、名称过长，更不要使用繁体字或生僻字，以免影响用户的记忆和检索。

（3）账号的头图要符合账号定位，尽量整洁美观，不建议带有广告和个人联系方式。

（4）设置个性签名，个性签名就是账号的名片。刚开始做账号时，最好不要设置得像营销号，可以设置得像分享号，切勿带上联系方式等。

课堂活动

请根据此前的定位，结合账号设置的相关知识，尝试完成自己或团队的抖音账号设置。

3. 提高账号活跃度，让系统判定为活跃用户

养号期间，要像普通用户那样多刷视频、看直播、点赞评论互动，让系统判定为活跃用户，具体操作如下：

（1）每天稳定登录，持续 5～7 天。

（2）刷首页推荐、刷同城推荐、刷直播间，各 30 分钟。

（3）给短视频点赞、评论、互动等，给直播间发弹幕、点赞，5～10 条即可。

（4）翻看一下抖音的热搜榜单、热门话题。

（5）关注自己喜欢（与自己定位一致）的账号，点赞评论很重要。

4. 让系统为账号打标签，吸引精准粉丝

抖音系统为账号打标签，意味着账号被垂直分类了，分配的粉丝流量就更精准。要让系统为账号打标签，可以通过以下操作来实现。

（1）找同行账号，看看它们的视频、点赞，并在其短视频抢评论区前排；

（2）去同行直播间停留 3～5 分钟的时间，刷小爱心或发红包涨一点同行直播间的粉丝；

（3）在首页推荐中刷到了相关的视频，不要急着划走，看完并点赞、评论等。

如果系统推荐的视频中有 60% 与自己的定位是同领域的，说明账号已经被抖音后台成功打上了标签，此时就可以开始发布短视频，但需注意的是短视频必须为原创，时长不要超过 15 秒。如果发布的视频播放量大于 200，则证明养号成功。

1.2.3 内容策划要精细

课堂讨论

1. 什么样的短视频会比较吸引你？

2. 你觉得几秒内可以判断一个短视频是否值得看下去？

3. 举例说说什么样的短视频你会点赞、评论或转发。

内容是当下短视频营销取胜的关键所在，精心做好选题和内容框架，能让自己的短视频脱颖而出，获得更多的流量。

1. 做好短视频选题

选题是短视频内容策划的第一步，做好选题，才能为内容策划指明方向。在选题过程中坚持选题原则，有意识建立选题库才能保证持续的创作和内容输出。

（1）短视频选题原则。

1）以用户为中心：在选题时选择贴合用户喜好和需求的内容以保证短视频的播放量。

2）输出有价值的内容：在短视频内容策划时，务必考虑到内容要有价值，能给用户带来"干货"，才能引起用户参与互动。

3）保证内容垂直：保证所选内容与账号定位的领域一致，在同一领域中深入研究，提高自己在该领域的影响力，从而获得短视频平台的"流量扶持"。

4）注重互动性：考虑选题能否引导用户参与互动。可通过互动性强的话题、提问或制造槽点等方式引导用户互动，以提高短视频的影响力。

（2）搭建选题库。

搭建选题库可以帮助持续输出内容，选题库分为三类：爆款选题库、常规选题库和活动选题库。可关注各大平台的热榜，如抖音热搜、微博热搜等建立爆款选题库。在短视频运营过程中，要注重日常积累，有意识地持续地积累相关素材以搭建常规选题库。还可以搭建关于节日类等的活动选题库，参与平台话题活动，得到平台的流量扶持，增加短视频的曝光量。

2. 短视频内容结构设计

除了选题，短视频的内容结构设计也很重要，对短视频的完播率起着决定性的作用。以下是短视频爆款内容结构，掌握了短视频的底层逻辑，才更有可能做出爆款短视频。

（1）开头：黄金 3 秒。

如果短视频 3 秒内不能吸引用户，会很容易被划走，因此，短视频的开头很重要，以下四种方法可以帮助设计一个有吸引力的开头。

1）设置悬念。设置一个疑问或矛盾冲突，吸引用户的注意力。如反常识类的："你敢信！10 多平的小店一天营业额能上万！"如揭秘爆料类的："装修千万别踩的 25 个坑。"通过提问等方式设置悬念，让用户产生观看的欲望，如图 5-10 所示。

2）直接点题。不拐弯抹角，快速明确输出重点，适合知识干货类输出。如"每天五分钟跳尊巴，30 天瘦 10 斤不是梦！"，通过成效吸引用户，使其产生观看的兴趣。

3）人性弱点。利用情绪与场景预设，让用户产生认同感。如"做个正常人，不要减肥焦虑了"等，这些都是通过调动用户的情绪认同，吸引用户继续观看。

4）热门问题。利用用户近期或长期对某方面内容的关注，抛出问题，吸引用户的注

图 5-10　悬念式开头

意力。如"你追星都塌过几次房呢?""牙黄怎么变白?"等,通过这样的问题吸引用户的注意力,如图 5-11 所示。

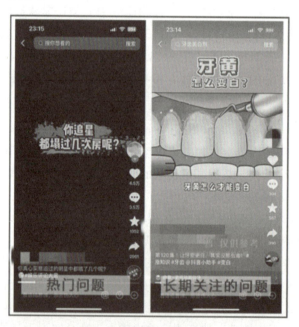

图 5-11　热门问题开头

(2)中间:2~5 个爆点内容。

通过短视频的开头吸引用户的注意后,想要用户继续往下看,短视频的中间部分也需要精心设计,才能保证短视频的完播率,具体可以通过以下三种方式来进行设计。

1）给出价值吸引。用户通过开头部分想继续观看此视频是认为此视频能给出有价值的内容，因此短视频创作者需要在中间部分设计有价值的内容，让用户看完觉得有所收获。有价值的内容涉及很多方面，如情绪上得到满足或是让人获得知识与技能、获取有用的信息等。

2）设置反转。经过开头的期待和吸引，接下来的内容是否有亮点、是否有反转也是决定短视频是否会被用户划走的关键。设置反转能让短视频内容更有层次和深度，主题也更加鲜明，出乎用户意料之外，从而吸引他们继续观看。需要注意的是，设置反转的关键是制造假象，使人陷入假象的惯性思维，从而通过反转揭示真相。

3）制造高潮。有起伏的内容才更能给用户制造记忆点，因此短视频内容要有高潮部分，才能引发用户共鸣、共情，如开箱测评满足人的好奇心、正能量类的视频重在歌颂英雄事迹或正能量举动以点燃用户的敬佩之情。通过制造高潮引起用户的情感共鸣，从而赢得用户的喜爱。

（3）结尾：引发热议。

一个好的结尾能引人深思，让人不自觉地参与互动，才更有可能使短视频获得传播。常见的结尾有互动式结尾、共鸣式结尾和反转式结尾。

1）互动式结尾。在视频结尾引导用户参与互动，如在视频结尾提出这样的问题："对此你怎么看""欢迎评论区留言"等，如图 5 - 12 所示。

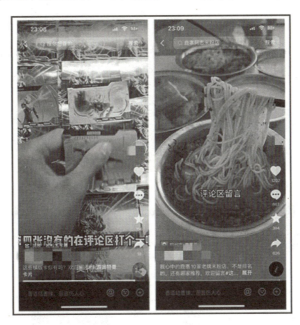

图 5 - 12　互动式结尾

2）共鸣式结尾。即短视频经过开场、发展、反转等达到高潮后，以语言、文案等形式升华主题。这种形式的结尾一般以金句结尾居多，如"有家的地方才是归途"。

3）反转式结尾。通过与开头营造的印象形成对比，以表情、动作、对话等方式完成反转，引人深思。这种类型的结尾一般用在有社会教育意义的正能量短视频中效果更佳。如"独居女孩家门口惊现扔不掉的男性皮鞋"这一短视频采用的就是反转式结尾。

3. 短视频内容策划注意事项

做短视频营销还需特别关注一些注意事项，避免踩坑，主要有以下三点。

（1）远离敏感词汇：每个短视频平台都有一些敏感词汇限制，这需要我们平时多关注各个平台的动态和最新通知，也可以用句易网或易撰网进行文案内容敏感词汇筛选，以避免出现违规而被封号封禁的情况。

（2）避免盲目蹭热点：很多热点内容会涉及时事新闻或政治政策等内容，这类内容一直都是敏感话题，切忌蹭这类热点，以免出现违规封号的风险。

（3）切忌夸大事实：有些短视频账号为了博取流量，喜欢夸大事实或夸大某些食物或训练方法的功效，这样的做法经不起考验，时间长了容易受到用户的抵制，无法长期运营。

1.2.4 脚本拍摄要细致

在拍摄短视频时，必须掌握短视频拍摄的相关知识，学会使用拍摄设备、掌握视听语言以及脚本撰写等。

1. 短视频拍摄设备

在短视频拍摄时，不仅需要用到相关的拍摄设备，还需要使用其他的拍摄辅助设备，具体可以参见表 5-1 的短视频拍摄设备清单。拍摄者可以根据自身的情况选择合适的拍摄设备和辅助设备，以拍摄出效果更好的短视频。

表 5-1　短视频拍摄设备清单

拍摄设备	辅助设备		
	稳定设备	录音设备	补光设备
手机	三脚架	枪式话筒	闪光灯
单反相机	相机滑轨	夹领式麦克风	LED 补光灯

续表

拍摄设备	辅助设备		
	稳定设备	录音设备	补光设备
航拍无人机	手持稳定器	挂耳式麦克风	反光板

2. 短视频视听语言

短视频拍摄，不仅要学会使用拍摄设备，还要掌握视听语言，这里所指的视听语言包括景别、构图、拍摄角度、光位选择、运镜手法等。

（1）景别。景别是指因拍摄设备与被拍摄对象的距离不同，导致被拍摄对象在取景画面中所呈现出大小的区别。由远及近，景别一般分为远景、全景、中景、中近景、近景和特写这六种，如图 5-13 所示，拍摄时可根据画面需要选择合适的景别。

图 5-13　景别示意图

（2）构图。在选择构图时，要跟当时的拍摄场景结合起来，以更好地突出拍摄主体，让画面更有冲击力。在短视频拍摄中，常用的构图方式有水平构图、垂直构图和九宫格构图等。

（3）拍摄角度。拍摄角度一般包括拍摄方向和拍摄高度，其中拍摄方向包含正面拍摄、正侧面拍摄、后侧面拍摄和背面拍摄四种，而拍摄高度则包含平拍、仰拍和俯拍三种。拍摄者要结合主题思想选择合适的拍摄角度。

（4）光位选择。在短视频拍摄时要结合主题思想选择合适的光位，以更好地烘托画面氛围。常见的光位主要有顺光、侧光和逆光，其中侧光包括正侧光和侧顺光，逆光包括侧逆光，如图 5-14 所示。

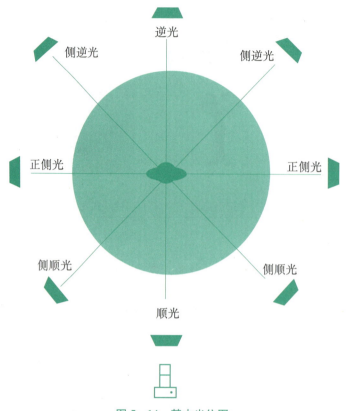

逆光

侧逆光　　　　　侧逆光

正侧光　　　　　　　　　　正侧光

侧顺光　　　　　　　　侧顺光

顺光

图5-14　基本光位图

（5）运镜手法。运镜手法会直接影响到短视频的效果，掌握运镜手法可以拍摄出更好的画面效果。基本的运镜手法有推、拉、摇、移、跟、甩6种，可根据脚本剧情的需要选择合适的运镜手法来表现主题思想。具体的运镜手法可以扫一扫二维码观看微课。

扫一扫

微课　玩转短视频拍摄——学会6种基本运镜手法

3. 短视频脚本撰写

在短视频拍摄中，每一个镜头都是需要设计的，这就需要有明确的拍摄脚本来帮助拍摄者理清拍摄思路，提高拍摄效率和拍摄质量。

（1）撰写脚本的前期准备。

在撰写短视频拍摄脚本前，需要整理好短视频整体的内容和思路，包括短视频定位、拍摄主题、拍摄主体、拍摄时间、拍摄地点、主要内容和剧情、拍摄参照以及背景音乐和音效。

（2）明确拍摄脚本类型。

在拍摄过程中，不同的脚本类型所起的作用是不一样的。短视频拍摄脚本一般分为分镜头脚本、文学脚本和拍摄提纲3种类型。

1）分镜头脚本：这是当下短视频拍摄常用的脚本类型，它相当于文字版视频，给人很强的画面感，其优势在于它将要拍摄的内容很有条理、连贯地展现出来，一目了然，减少沟通成本。因此在撰写分镜头脚本时要细致入微，具体内容如表5-2所示。这种脚本类型一般适用于场景、人物与剧情复杂的短视频内容拍摄。

表 5 - 2　分镜头脚本框架

拍摄地点	镜头	景别	运镜	构图	时长	画面内容	人物与对白	音乐或音效	道具	注意事项

2）文学脚本：相比分镜头脚本，文学脚本的形式相对简易，将拍摄思路罗列出来即可，侧重于交代拍摄内容，这对撰写者的文笔和语言逻辑能力要求比较高。具体内容框架见表 5 - 3，这种脚本适用于非剧情类的短视频内容拍摄，如技能教学类的短视频。

表 5 - 3　文学脚本框架

主题	人物与场景	台词	动作姿势	状态	时长	道具

3）拍摄提纲：指为拍摄短视频而制定的拍摄要点和流程，对拍摄内容起到提示的作用。这种类型的脚本一般适用于拍摄内容不易掌控和预测的短视频，如纪录片等。需要注意的是，由于拍摄提纲不受限制，拍摄者可发挥的空间较大，因此不适用于短视频营销拍摄。

📋 课堂活动 ||

如果要为四会砂糖橘制作一条宣传短视频，请结合自身的定位，为四会砂糖橘的宣传短视频撰写一份简短的分镜头脚本，并尝试拍摄其中一个镜头。

1.2.5　后期剪辑再设计

短视频的后期剪辑是短视频制作中很关键的环节，是对视频的二次创作，基本流程是：熟悉与整理素材、再次熟悉和分析脚本、视频粗剪、视频精剪、视频导出。剪映 App 就是一款简单好用的视频剪辑软件，这里介绍一下剪映的基本功能。

1. 导入素材

打开剪映 App，点击"开始创作"，选中视频素材，点击右下方的"添加"按钮，即可将素材导入剪映中，如图 5 - 15 所示。

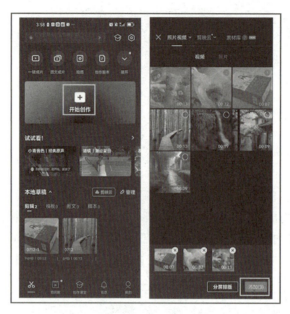

图 5-15　导入素材

2. 剪辑视频

借助"分割""删除"等功能，可以将视频素材中不需要的部分裁剪掉，初步组成一个完整的短视频，如图 5-16 所示。

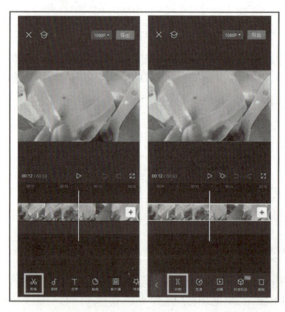

图 5-16　剪辑视频

3. 调整速度

选中需要调整播放速度的视频片段，点击"变速"功能，即可对该片段进行变速编辑，如图 5-17 所示。

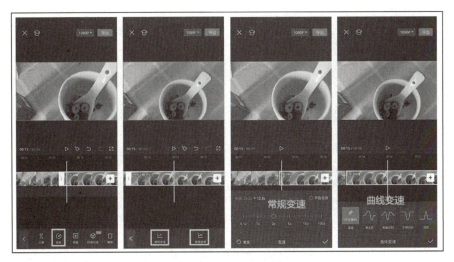

图 5 - 17　调整视频速度

4. 添加转场效果

其中的"曲线变速"丰富了视频效果，要想使视频素材之间切换得更加流畅自然，可以适当添加转场效果，点击两个视频素材间的白色方块即可进入转场效果设置界面，如图 5 - 18 所示。常见的转场效果有叠化、推近、闪白等。

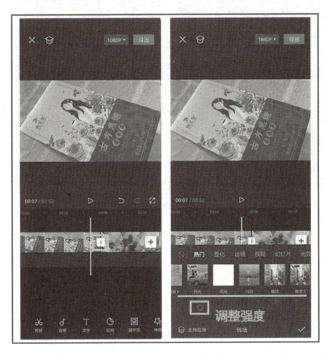

图 5 - 18　添加转场效果

5. 添加背景音乐

点击"音频"，再点击"音乐"即可按照视频内容风格选择音乐，也可以点击"导入音乐"来使用自己的音乐，另外，建议关闭视频的原声，如图 5 - 19 所示。

图 5-19　添加背景音乐

6. 添加字幕、文字或贴纸等

根据视频需要，可添加字幕、文字或贴纸等，通过点击"文本"工具来操作，如图 5-20 所示。

图 5-20　添加字幕、文字或贴纸

7. 添加滤镜

根据视频的风格选择合适的滤镜，进入滤镜界面还可以调整滤镜的应用强度，如图 5-21 所示。

8. 导出视频

在导出视频前点击"导出"旁边的"1080P"调整视频的参数设置，一般都用默认的设置，可以点右上角的"导出"按钮即可导出视频，如图 5-22 所示。

1.2.6　视频发布有讲究

视频发布的操作并不难，但在发布时应设置好作品描述、封面等内容，这些将会影响短视频的完播率和传播率。此外，视频发布的时间也会影响视频的播放量。

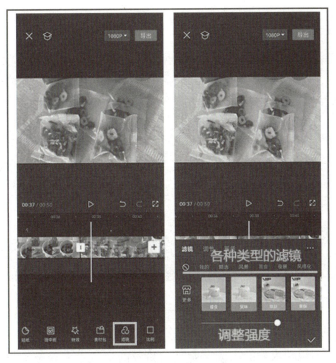

图 5 - 21　添加滤镜

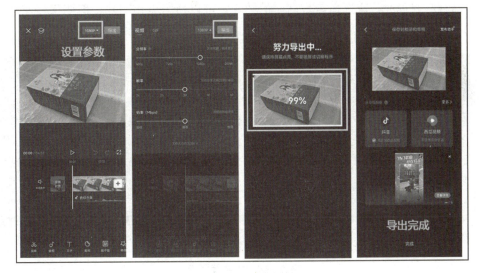

图 5 - 22　导出视频

1. 拟定吸睛的作品描述

在短视频中，除了短视频本身非常重要之外，短视频的作品描述也同样重要，它能向粉丝快速传达短视频的主要内容。在描述内容顺畅合理的前提下，可以尽可能增加一些关键词，但要避免出现违规内容。如果能将"参与话题"和"@功能"融入描述中，就能更好地曝光自己的作品，有助于提升视频的播放量，如图 5 - 23 所示。

图 5-23　作品描述

2. 设置精彩的封面

短视频封面作为视频内容的代表，对吸引粉丝的注意力有着至关重要的作用。所以掌握封面设置技巧，对短视频也能起到点睛的作用，从而提升短视频的点击率和分享率。在设置短视频封面时，应选择美观高清的图片，可以适当美化图片，但要保持简洁。更重要的是封面必须突出主题，适当添加标题也可以起到引导的作用，如图 5-24 所示。

图 5-24　短视频封面

3. 选择合适的短视频发布时间

短视频发布的时间与此前介绍的朋友圈发布动态的时间基本一致，一般选择在黄金时段发布，但与朋友圈动态不一样的是：短视频推送的人是未知的，竞争更加激烈，在选择发布时间时要考虑避开高峰期，可在同行账号发布前后 30～60 分钟发布，错开高峰期，以便获得更好的流量推荐。另外，也要考虑紧跟热点发布短视频，以更快地获取热点流量。

短视频已经成为人们生活娱乐的一部分，短视频营销更是将营销有效地融入人们的娱乐中，让人们潜移默化地接受短视频博主的营销推荐。通过任务 1 的学习，我们知晓了短视频营销的类型及主流平台，并掌握了短视频营销的各种玩法。为了更好地进行短视频营销，可以巧妙地将短视频营销的创意玩法融入具体实践中，从而更好地掌握短视频营销技巧。

◎ 小试牛刀

　　根据短视频营销的相关知识，请以小组为单位（3～4 人一组），完成以下探究活动。

　　D 公司是一家视频营销策划企业，为迎接"年终"大促，帮助四会市推广砂糖橘，需通过短视频开展营销推广，提高该农产品的知名度。

　　活动一：请各小组为本次短视频营销推广做好清晰的定位，选择合适的短视频营销平台，并完成账号开设与设置。

　　活动二：请结合短视频营销的创意玩法，根据任务背景，设计短视频脚本，制作一个宣传短视频，发布并通过本组的私域流量进行推广。

▶ 任务 2　长视频营销

◎ 知识直通车

　　区别于此前火热的视频分享网站主打的短视频，长视频是一种比较传统的视频形式，一般指超过半小时的视频，以影视剧、真人秀、综艺节目为主。长视频一般是专业团队公司创作的专业内容，具有创作时间较长、内容丰富、制作精良等特点，视频观赏性和思想深度远远高于短视频。目前，爱奇艺、优酷、腾讯视频和芒果 TV 是我们国内主要的长视频平台，如图 5-25 所示。

2.1　长视频营销平台的运营模式

　　当下，长视频的格局已经非常稳定，内容主要集中在影视剧及综艺节目上，与电视已经实现了深度融合。随着长视频营销平台的发展与完善，其运营模式已基本确定，主要有视频广告、视频会员服务、平台自制内容和视频版权这 4 种通用的运营模式。

2.1.1　运营模式

1. 视频广告

视频广告是长视频营销平台最基本的运营模式之一，虽然在后期视频广告的盈利有

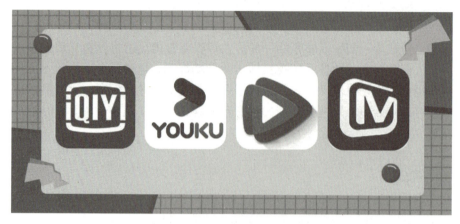

图 5-25　长视频平台

所下降，但它仍然是长视频营销平台非常重要的一种运营模式。长视频营销平台以"边看边买"、植入式等广告方式拉近用户与产品的距离，巧妙地将用户与产品紧密连接在一起，彻底打破了传统视频广告的传播方式。以爱奇艺为例，常见投放形式包括贴片广告、悬浮式广告、信息流广告、植入式广告，如图 5-26 所示。

图 5-26　视频广告投放形式

课堂讨论

1. 你认为哪种形式的视频广告是用户不反感，且最容易接受的？为什么？
2. 请你结合生活实际，谈谈如何巧妙地在长视频中融入视频广告。

2. 视频会员服务

视频会员服务已成为长视频平台的核心运营模式，也是长视频平台非常重要的利润源头。随着视频会员服务收入占比不断扩大，以用户需求为导向的优质内容不断涌现，视频会员服务的形式也变得多种多样，出现了多种视频会员服务玩法。如月季年费及无广告观看等多样化会员等级和套餐、定制个性化和精细化的会员服务、提供高质量内容服务及多平台联合会员模式。

📋 课堂活动 ‖

请你结合四大长视频主流平台的会员服务，汇总各长视频平台的会员服务类型，尝试给这四大平台的会员服务提出改进建议，并说明理由。

3. 平台自制内容

拥有巨大爆发力的平台自制内容已经成为长视频营销平台的主流。对长视频营销平台来说，优质的自制内容降低了版权购买带来的大支出并拥有了深度可挖掘的营销空间，更是发展付费会员的重点运营方向。平台自制内容现已成为平台差异化发展的核心竞争力。

📋 课堂讨论 ‖

请结合当下四大长视频主流平台的原创自制内容，分析一下各自的优势，并说说你更喜欢哪个平台及原因。

4. 视频版权

视频版权是行业内老生常谈的问题。近年来，在国家政策保护、长视频平台和版权方维权意识坚定、网络视频用户付费意愿增强的三重推动力下，视频版权问题得到了一定程度上的改善，但仍存在发展困境，如利益驱动下的内容盗播和盗链、资源争夺带来的天价版权费等。长视频平台的版权问题仍需政府、司法部门、长视频平台、用户等多方共同努力解决。

🌳 案例分析

2023 年年初，随着电视剧《狂飙》在爱奇艺平台的播出与大火，各短视频平台的很多运营号也出现了很多剧集片段，给这些运营号带来不错的点播量和关注度。

想一想，练一练：

1. 短视频是否存在视频版权问题？

2. 请搜索与查看长短视频平台版权之争的相关资料，说说以上各大短视频平台的运营号如何避免侵权。

2.1.2　各长视频营销主流平台的差异化特点

在审核趋严和流量企稳的背景下，长视频逐渐进入良性发展阶段，以用户需求为导向制作精品内容为主，长视频营销平台也基本找到了各自的优势，竞争有所减缓，格局也变得清晰。各平台利用现有市场地位，深耕平台已有用户，聚焦平台擅长方向领域

（减量），强调优质内容供给（提质），更注重自身垂直领域的发展，以形成差异化布局。

1. 爱奇艺：深耕现实主义题材，打造主流国民大剧

爱奇艺在电视剧板块依然保留剧场化运营模式，恋恋、小逗、迷雾各有侧重点，同时深耕内容创作，打造优质自制独播剧。2023年年初引发全民热议的《狂飙》霸屏榜首，爱奇艺平台成功吸引了各年龄段观众的目光，让爱奇艺的关注度攀升至新高。

总的来说，爱奇艺热剧所倾向的剧集题材更偏向现实主义。以"正剧领跑、故事领跑、话题领跑、演技领跑"引领剧集创作，实现好内容的持续供应，打造主流国民大剧。

2. 优酷：锁定垂类用户，"上优酷，看类型剧"

优酷在剧集方面一直稳扎稳打，比起"开局就冲刺"的竞争者爱奇艺，优酷更像是一个处在"发力期"的长跑选手。2023年以来，在定制、自制和黑马剧领域，优酷为观众献上了颇多惊喜，如《长月烬明》等。

从优酷近期热播剧集片单看，优酷更擅长基于站内优势内容锁定垂类用户，逐步培养用户"上优酷，看类型剧"的品牌认知。

3. 腾讯视频：IP＋明星，携手影视公司打造爆款

作为长视频平台老牌强者，腾讯视频以过往的扎实根基最先快速响应变化，爆款频出，2023年开年便以《三体》打响了长视频平台的第一枪。从腾讯视频的剧集类型来看，超过三成的剧集都是IP改编剧本，为了进一步抓住流量，腾讯视频还邀请知名演员主演和参演。总的来看，如今的腾讯视频剧集大都是利用优质IP＋演员流量加持，往年代/古装大IP方向发展，透露出腾讯视频深耕行业的决心。

4. 芒果TV：背靠湖南卫视，爆款综艺的摇篮

在长视频赛道里，芒果TV虽然入局较晚，但也有自己鲜明的特色，与其他平台的差异化十分清晰。除了是唯一背靠电视台的平台外，它还是唯一主要靠发力综艺吸纳观众、拉动广告业务的平台。在综艺霸屏榜单中，芒果独播综艺上榜的多个节目，相比其他三个长视频平台，芒果TV更像一个术业有专攻的"网络版电视台"，以综艺为主赛道，电视剧板块也不乏优异表现。

📺 课堂活动 ▌▌

请你统计四大长视频主流平台当下主推的视频类型和热播剧等，说说各长视频平台当下的发展方向是否有新的变化、具体有哪些变化。

2.2 长视频营销的技巧

从视频营销的发展趋势来看，长视频是视频营销领域非常重要的内容之一，要想让自己的视频吸引更多的用户观看，必须要掌握其中的技巧，站在用户的角度做好长视频。长视频营销技巧主要有坚持优质内容原创、定期更新内容等六个方面。

2.2.1 坚持优质内容原创

当下，原创的优质视频内容已经成为各平台的主要收入来源之一。坚持做好优质视频内容原创，可从以下几个方面着手。

1. 确定目标受众和内容类型

确定受众，明确受众的特征、喜好等，并围绕用户群体确定内容类型和方向，给自己的运营号打上明确的标签和符号，有目标地规划视频运营的发展方向。

2. 确定视频风格和结构

根据目标受众和内容类型，可以确定视频的风格和结构，如脱口秀、故事叙述等。

3. 巧用平台的运营模式

在长视频运营过程中，要将平台的运营模式融入视频创作中，如视频广告如何融入让用户更容易接受广告；再如平台视频会员服务如何切入，用户更愿意为视频付费。

4. 学会编写视频脚本

视频脚本对视频的拍摄和剪辑有着指引性的作用，因此视频拍摄前要重视视频脚本的编写。

5. 拍摄与后期制作

根据脚本内容进行拍摄，使用合适的镜头语言和音效，增强视频的感染力和表现力，此外还需进行后期制作，使视频内容更加精美。

课堂活动

请选择当下比较火的原创节目视频（包括综艺节目、影视剧、网剧等），分析该节目是通过以上哪些做法来吸引用户观看的。

2.2.2 定期更新内容

定期地持续地更新视频内容，能让用户感受到该视频账号的生机和活力。所以在开启长视频营销时，要从长远的角度确定好视频发布的频率，有计划有节奏地更新视频账号的内容。

建立并保持一致的发布时间表能鼓励用户回来观看更多视频，当下，各类影视综艺等都会有固定的更新时间表，而且会按时更新，以此更好地黏住用户。但是要注意的是，不能为了定期更新而忽略了视频的质量。

2.2.3 唤起积极情绪

心理学中提到，人类的情感驱动其行为，因此，在做长视频营销时，要考虑到内容是否能引起用户的情感共鸣，需要考虑视频是否能点燃温暖的感觉，而不是恐惧、愤怒或厌恶。如果视频内容能唤起这些情感，它可能会吸引大量的用户，引发用户参与互动和活动。

此外，讲故事是最能吸引人的注意力的一种形式，也是提高用户参与度的好方法。如果能将这些情感融入讲故事的形式中，用户就能感受到故事中主人公的感受，从而唤起用户积极的情绪。

2.2.4 巧用画面和背景音乐

视觉和听觉是用户在观看视频中最重要的两种感觉，所以视频画面和背景音乐是视频营销中非常重要的两个元素，视频画面可以让用户更快更轻松地了解视频内容信息，而背景音乐则更能为视频赋予某一种情感氛围。

因此，在长视频营销中，通过优质的视频画面和故事画面吸引用户的视觉兴趣，并结合视频内容加入能够烘托情感氛围的背景音乐，便能从视觉和听觉上引起用户的情感共鸣，从而使你的长视频营销推广更具吸引力。

2.2.5 提高视频的黏性

📋 课堂讨论 ▌▌

1. 你看长视频时，经常会选择哪个长视频平台？为什么？

2. 你是否有习惯看同一个视频博主的视频？你觉得他的视频吸引你反复观看的原因是什么？

长视频的黏性是指用户持续关注视频更新情况。在做长视频营销时注重提高视频的黏性，就能更好地留住自己的用户。要提高视频的黏性，除了保证视频的质量、定期更新视频内容和唤起积极情绪外，还需做到以下几点：

1. 保持内容垂直性

内容的垂直性是指视频内容的类型更加明确，有更明确的标签、更清晰的符号，从而让自己更有辨识度，让用户更容易记住自己。

2. 视频长度要适宜

相对于短视频，长视频的时长较长，一般要半小时以上，同时也要保证视频内容是充实且高质量的。

3. 互动设计要合理

在长视频营销中，除了点赞、评论和分享等能增加用户互动频率外，还可以结合视频内容适当设计互动问题，起到引导用户的作用，也能提高用户的参与度和黏性。

4. 善用数据分析

每一个视频都有相应的用户行为数据，视频运营人员要对用户的行为数据进行分析，掌握用户喜好，并根据分析结果对视频内容进行调整和优化，以更好地留住用户。

2.2.6 使用 SEO 优化视频

SEO 不仅适用于搜索引擎网站平台、电商购物平台，也适用于长视频营销平台。做好 SEO 能让我们的视频被更多的人搜索到，从而使我们的视频被更多的人看到。因此，做好 SEO，能在一定程度上提高平台对视频的推荐量，从而提高视频的播放量。

在使用 SEO 优化视频时，需根据平台用户的搜索喜好与搜索习惯，在视频的文字描述中加入与视频内容相关且搜索频率高的关键词，还可以适当添加带有号召性用语的缩短链接，提高视频的曝光量，还能有机会引导用户做二次跳转，带来更好的营销效果。

点亮智慧

长视频相对比短视频，虽说看似传统，但近几年长视频营销的做法越来越呈现出多样化。通过任务 2 的学习，我们深入了解了长视频营销平台的运营模式，并掌握了各大长视频营销平台的差异。长视频营销看似与同学们有较大的距离，但是在掌握长视频营销技巧的基础上，我们能在长视频营销平台中更准确地把握视频营销策划的方向。

小试牛刀

根据长视频营销的相关知识，请以小组为单位（3～4 人一组），完成以下探究活动。

D 公司是一家视频营销策划企业，为迎接"年终"大促，帮助四会市推广四会砂糖橘，需通过长视频开展营销推广，提高该农产品的知名度。

活动一：请选取适合四会砂糖橘推广的长视频营销运营模式，并设计一个营销活动（可参考自己在长视频平台接触到的营销活动形式）；

活动二：请结合长视频营销的技巧，根据任务背景，选择一个长视频营销平台，将活动一中的营销活动发布到该平台中。

▶ 任务 3　互联网直播营销

知识直通车

直播是一种实时性、互动性非常强的信息传播形式。不同于传统的文字、图片、视频等传播形式，它利用网络平台，跟随事件的发展过程使内容的制作和发布同步进行，且可以进行信息交互，将用户与直播内容紧密地交互在一起。

3.1　直播营销的优势及主流平台

直播营销是当下最热门的一种营销方式之一，在直播营销过程中，主播和用户的互动是即时的，及时解决了很多销售和购买的问题，一定程度上提高了购买转化率。直播营销相比短视频和长视频营销来说，效果更明显，它的优势体现在哪些方面呢？本小节就来一探究竟。

课堂讨论

1. 你通常在哪个平台上看直播？为什么？
2. 你在直播间买过东西吗？是什么因素让你决定购买的？
3. 对比短视频、长视频等营销方式，你觉得直播营销有何优势？

3.1.1 直播营销的优势

据统计，2024 年抖音直播交易规模约为 3.5 万亿元，淘宝直播交易规模约为 7 700 亿元。我国网络直播用户达 8.33 亿，直播类目几乎实现全品类覆盖。直播之所以能受到企业、品牌和用户的青睐，是因为其具备以下七大优势。

1. 销售服务更高效

一个直播间可同时接待的用户数量远远超过线下实体店导购所接待的数量，直播间能在短时间内服务更多的潜在用户，这大大提高了销售服务效率。

2. 信息传递更加个性化

在直播间，主播可以更有选择性地展示与讲解用户感兴趣的商品，并更充分地展示商品的特点，以满足用户的个性化需求。

3. 场景导入更快捷

在直播间中，主播可以通过试吃、试玩、试用等过程更直观地将商品展示在用户面前，更快捷地将用户带入商品的使用场景。

4. 商品感知更真实

由于直播的即时性特点，主播在展示和使用商品时，能增强用户对商品的真实感知，从而提升其消费信赖感。

5. 销售互动更及时

用户在直播间提问后，会有专人关注用户的弹幕提问，以便及时回答用户问题，主播也可以通过用户在直播间的真实情绪快速做出反应，缩短用户的消费决策时间。

6. 营销氛围更活跃

在直播间更容易营造紧张活跃的氛围，如用户看到很多人下单，或感觉到商品的功能或效果不错，又或是主播话术中的紧迫感等，都能使直播间的营销氛围更活跃。

7. 营销反馈更直接

在直播间中的互动是双向的、即时的，主播将直播内容呈现给用户的同时，用户也可以通过弹幕的形式反馈问题。借助直播，主播还可以收集新老用户的反馈，从而有针对性地改进和优化直播。

3.1.2 直播营销的主流平台

直播营销平台根据平台属性可以分为短视频平台式、电商平台式和私域流量式三大类，如图 5-27 所示。

图 5 - 27　直播营销的主流平台

1. 短视频平台式

（1）抖音直播。抖音直播是基于抖音短视频平台开启的一个直播功能，拥有庞大的用户数量。所以抖音开播后，其直播交易规模迅速占据直播行业首位。抖音直播平台凭借潜在用户多、精准投放、店铺投入成本低等优势，成功吸引了一大批电商运营商入驻。

（2）快手直播。和抖音一样，快手也是通过短视频业务打开市场，积累了大量的用户，在探索直播和电商的道路上紧跟抖音的发展步伐，跻身直播带货的前列。快手凭借其大量的活跃用户、成熟的电商平台配置以及不断升级的用户消费水平等优势获得了一大批电商运营商的青睐。

2. 电商平台式

（1）淘宝直播。这是阿里巴巴基于自身的电商资源推出的直播平台，定位为"消费类直播"，直播商品涵盖范围广，用户购买方便。相对于其他直播平台来说，淘宝直播的专业性、导购属性和用户购物欲望更强，早先入局的流量以及品牌优势，让淘宝直播带货已经成为品牌以及主播卖货的主战场。

（2）京东直播。与淘宝直播一样，京东直播依靠京东平台为直播业务提供了大量的资源扶持。相对而言，京东直播更注重两个要素：一是直播本身的内容质量；二是直播的附加价值。这意味着，在京东直播，商家需要更注重内容策划，靠优质内容传递品牌价值，靠品牌价值吸引用户并沉淀用户，从而将用户真正转化为自己的"私域流量"。

（3）拼多多直播。拼多多瞄准对价格敏感的用户群体，凭借"社交裂变＋低价爆款"的商业模式，在激烈的竞争中迅速抢占了一席之地，拼多多直播正式上线后迅速获得了平台诸多资源的扶持。

3. 私域流量式

（1）视频号直播。自2020年微信视频号开通直播功能以来，以公众号为主的创作者在视频号直播中扛起了直播大旗。相比其他平台的直播而言，视频号直播具有更大的用户规模、更快速的导流、更多的资源扶持以及更简化的购物流程等优势。当前，视频号仅支持对接微信小商店，暂不支持其他第三方。

（2）企业微信直播。企业微信是腾讯的微信团队专为企业打造的高效办公平台，内置直播功能。企业微信直播一般用于内部培训、全员大会、在线教育、商品销售等场景。相对于其他直播平台的直播而言，主播可与直播间用户连麦互动以及主播可采用多种分享方式为直播间引流是企业微信直播的两大营销优势。

📷 **课堂活动** ▌▌

如果你们团队要为四会砂糖橘做一场直播，请基于对各个直播平台的理解，结合四会砂糖橘的受众群体，选定一个平台做直播，并说说原因。

3.2 直播营销的策略

直播营销是当下最热门的一种营销方式，要充分发挥直播营销的优势，对直播营销进行全面的规划，制定好策略。根据4P营销策略组合，结合直播营销本身的特征，制定直播营销策略，包括定位策略、产品策略、定价策略等。

3.2.1 直播营销的定位策略

在进行直播前，要先明确自己的定位，才能更好地发挥直播的作用，因此直播营销的定位策略尤为重要。

1. 明确目标群体

在直播前，明确了目标群体，能给后续的营销活动策划指明方向、帮助选品，也能帮助主播在形象和话术方面做好定位。在直播营销中，有三种方法可以帮助明确目标群体的特征：一是通过各直播平台的用户画像了解人群的偏好和特征；二是通过团队确定的营销大类锁定大概的目标群体；三是通过已有粉丝调查反馈掌握目标群体的特征。

2. 分析竞争对手

了解竞争对手也是直播营销定位非常关键的一步，一方面我们可以借鉴竞争对手的优势，另一方面也可以掌握其风格、选品等，避免与其重复，实现差异化竞争。在直播营销前，可以多看竞争对手的直播，分析其主播风格、直播话术等，甚至可以购买其产品来近距离感受其选品情况。分析竞争对手的过程也是自我学习、自我完善的过程。

3. 主播定位

在直播营销中，主播是很重要的一个角色。主播的形象风格、个性特征等都直接影响着粉丝是否喜欢你、记住你和接纳你，最终愿意为你买单。可以从以下几方面进行主播定位。

（1）形象风格：细化自身形象特征、穿着风格，让粉丝对主播的形象风格产生记忆点。

（2）性格特征：根据粉丝群体特征，要思考在直播过程中应表现出哪方面的性格特征才更受欢迎，同时也应该具备亲和力、保持稳定的心态，随时能控场。

（3）行为特征：以性格特征为出发点，在直播间中适当放大自己的特点，展现出自己的真实特征，还需不断反复地巩固自己的人设形象来加深粉丝对自己的印象。

（4）话术特征：形成颇具个人特色的直播话术有利于为直播营销赢得更多成功的机会。主播要掌握直播话术的逻辑，形成一套符合自己性格特征的固定话术脚本，如对粉丝的称呼、自我介绍、直播间开场话术、互动话术等。

课堂讨论

请根据以上直播营销定位策略，分析你所熟知的一位主播的形象风格、性格特征、行为特征和话术特征等，并说说他的哪些方面值得大家借鉴和学习。

4. 选择合适的直播平台

每个直播平台都有自己的特征，每个平台的用户群体也会略有不同，直播运营团队在确定了自身的个性特征和风格等定位后，可以尽量选择与主播个性特征和风格相一致的直播平台。直播平台后台也会根据主播的风格，精准地推送给目标用户群体，这有助于提高购买转化率和转粉率。

3.2.2 直播营销的产品策略

产品策略即通过相关的选品技巧挑选符合粉丝群体需求的产品，并对产品进行排列组合，以实现直播营销的利益最大化。在选品和进行产品组合时，应结合直播营销定位，采用有效的选品技巧和产品组合方法完成直播营销选品。

1. 直播营销选品技巧

在选品过程中，要基于主播定位的风格和类型，结合各类数据精心挑选直播营销产品，以更好地迎合粉丝的需求。

（1）选品符合主播定位。结合主播本身的定位，选择相应风格和类目的产品，如主播定位的类目是美妆类的，在选择品类时应该在美妆类进行选品。选择符合主播定位的类目，更能获得粉丝群体的信任，转化率才可能更高。

（2）挑选亲身使用过且使用感好的产品。在直播间向粉丝介绍自己使用过的且使用感好的产品，说服力更强，更容易获得粉丝的认可。主播使用过产品，在直播时能更精准地抓住粉丝的痛点，将使用感真实地分享给他们，更容易获得他们的信任。

（3）挑选个性热门的产品。个性热门的产品更容易吸引粉丝的注意，并产生购买的兴趣。因此，可多关注时事热点、热门话题和热门事件来帮助选品，如 2022 年北京冬奥会的冰墩墩红极一时，与其关联的产品也备受粉丝欢迎。但需注意的是，在贴近热点时要尽量贴合比较有正能量的热门话题和事件，如果什么热度都想蹭，只会适得其反。

案例分析

2023年，某歌手的新歌《乌梅子酱》，因其旋律优美，使得无数网友跟着翻唱。很多网友也好奇乌梅子酱是什么味道，从而引发了乌梅子酱这一商品的爆火，很多店主纷纷将其纳入选品库，乌梅子酱也登上了淘宝的热搜榜，如图5-28所示。

图5-28　乌梅子酱登上淘宝热搜榜

想一想，练一练：

对于这件事，你如何评价？如果你是团队负责人，你会将乌梅子酱纳入选品库吗？为什么？（言之有理即可）

（4）挑选高性价比的产品。性价比高的产品是让人感觉最踏实最有诚意的产品，这样的产品更容易激发用户的购买欲，售后的产品评价及口碑也不会差。因此，在挑选产品的时候一定要做好产品的背景调查，了解产品的口碑评价及价格调控空间，以此来帮助自己挑选高性价比的产品。

（5）挑选数据分析好的产品。在正式选品前，直播运营团队需了解自己所挑选的产品数据，一是粉丝画像，二是产品数据。了解粉丝画像，可以从性别、年龄等出发，猜想粉丝的喜好及消费能力；分析以往产品数据能够更直观了解到哪些产品可能获得更高的销量。

2. 直播营销产品组合

在选品过程，要清楚产品的特性，合理规划，对各类产品进行排列组合，打造以"引流款＋主推款＋利润款"为主线的选品组合，以更好地迎合粉丝的消费需求。

（1）直播营销产品类型。

1）引流款。顾名思义，引流款就是可以为网店吸引更多流量的产品款式。这类产品最大的特点就是性价比高，而且产品一般也能为粉丝接受。引流款以较低的价格吸引粉丝进入店铺，进而增加其他产品的曝光量，这样不仅可以提升店铺整体销量，还可以提升店铺客单价。在选择引流款时，会考虑选择单价低且稳定、货源充足且复购率高的产

品。值得注意的是，引流款的利润很低，因为它的作用不在于盈利，而在于引流。

2）主推款。主推款就是平时常说的爆款，一般是指流量高、转化率高、销量高的产品款式。这类产品的销量可能会占全店销量50%以上，但由于这类产品价格相对来说不会高，所以它不一定是店内利润的主要来源。在确定主推款时，一般选择大众且热门的、物美价廉且是刚需或应季产品。在确定主推款前，要先测款，通过各项数据来帮助判断对应产品是否可以作为主推款，爆款产品的折扣一般设在50%以上，测款后企业应加大市场投放量。

3）利润款。利润款就是为网店带来主要利润的产品款式。这类产品普遍价格高，质量好，相对于引流款和主推款而言点击率低，但由于其市场竞争相对较小，带来的利润是很可观的。在选择利润款时，要进行更全面的数据分析，根据目标人群的喜好和特征，从产品款式、设计风格、价位区间等方面进行考虑来确定利润款。选择利润款时，并不是选择越贵的越好，而是要选择具备爆款潜质的款式。

（2）直播间产品组合策略。

1）根据库存情况安排组货。在直播组货时，要先对产品备货情况进行考察，每款产品的库存深度直接决定了它的销售潜力上限，因此在进行组货时，应该优先选择库存深度较大的产品作为一场直播的主推款，避免在直播中出现断货下架的情况而导致流量的浪费。

2）根据主题活动安排组货。在节假日大促、品牌日等以销量为核心诉求的活动期间，直播运营团队可以充分进行利润款及主推款产品的备货准备，利用消费者购物心智较强的活动窗口进行充分的转化，冲击高销售指标。

3）直播组货节奏模型。在直播时，整场直播可划分为相对独立的直播时段：预热时段、带货时段、福利时段。预热时段一般在直播开始时30分钟以内，可通过引流款来聚集人气。带货时段则是讲解高性价比、高品质的利润款，时长要把控好，30~60分钟为宜，以品质吸引粉丝。福利时段一般紧跟在带货时段之后，时长较短，通过引流款和主推款拉动人气。整场直播组货模型如图5-29所示，可根据自身情况来规划每个时段的时长。

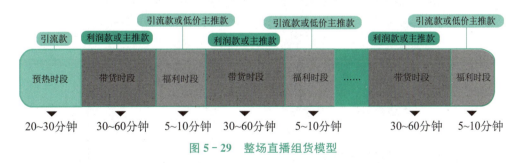

图 5-29　整场直播组货模型

3.2.3　直播营销的定价策略

在直播营销中，产品定价也是大有学问的。产品价格定太高可能会导致无人下单，但是定太低也会导致利润低，因此在直播产品定价时要寻找到一个平衡之道，才能做到销量高，利润也高。

1. 直播间单品定价

（1）价格锚点定价：指根据其他同类产品的价格来设定产品的价格。从用户的角度看，他们在不确定一个产品价格是否"划算"时，就会参考其他同类产品的价格。如图5-30中的三个同款包包，你会倾向选哪个呢？在店铺评分差不多的情况下，一般都会选择价格适中的那一款，因为便宜的给人感觉质量不可靠，贵的则会让人觉得性价比不高。因此，在采用价格锚点定价时，要了解同类产品的价格区间后再做决定。

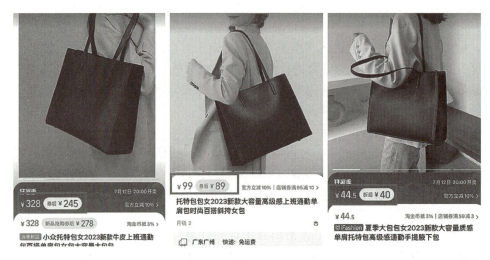

图5-30 不同价位的三个同款包包

（2）要素对比定价：在直播间要设定某个产品价格较高，需要为用户提供一个直观的关键要素对比表以帮助说服用户认可并接受高价。例如手机、生活电器类产品，可以提供硬件配置对比表；服饰类产品，可以提供用料对比图、工艺对比图等。电风扇的要素对比定价如图5-31所示。当用户看到差异时，会倾向于购买适合自己的那款产品。

图5-31 电风扇的要素对比定价

（3）非整数定价：即在设定产品价格时，以9或8结尾，而不是以0结尾，如图5-32所示。非整数价格，对用户有以下三方面的心理影响：一是非整数价格会让人觉得这种价格经过精确计算。二是非整数价格与整数价格的实际差别不大，却会给人一种便宜很多的感觉。三是很多用户在看到产品价格时并不会认真去思考，一般听了主播介绍后就会进入购买的决策环节。

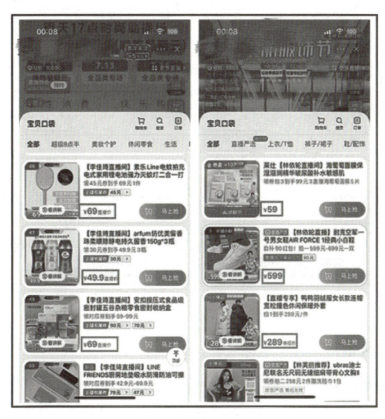

图 5 - 32　非整数定价

（4）阶梯定价：即用户每增加一定的购买量，产品的单价就降低一个档次，如图 5 - 33 所示。采用这种定价方法，可以吸引用户增加购买数量。阶梯定价一般适用于食品、小件商品和快消品的定价。

2. 直播间产品组合定价

（1）系列产品组合定价：一般是指对同档次、款式等的产品进行组合定价，通过组合定价来提高产品的销售数量，这种组合定价方法一般适用于袜子等一次性会买多件的产品。

（2）附加品差别组合定价：一般是根据用户选择的附加产品属性制定多种定价的定价方法。这种定价方法能体现出不同产品属性给产品带来的增值，如不同参数的手机和电脑、不同功能等级的扫地机器人。这种定价方法也能满足不同层次用户的需求，辐射性更广。

（3）成套产品组合定价：指将多种产品搭配组合成一套进行定价的方法。这种定价方法将多种互补产品捆绑销售，如常见的洗护套装、搭配服装等。这种组合定价的单价相对较高，但与同款单个产品的单价相比较为划算，用户也会觉得实惠，因此这种组合定价的方法能够有效提高直播间的转化率。

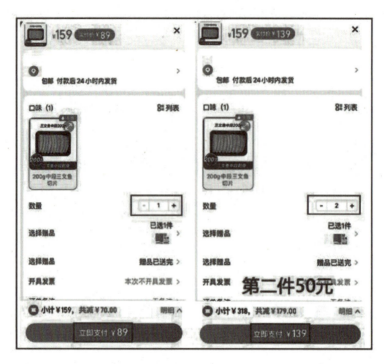

图 5-33　阶梯定价

✎ **温馨提醒**

在直播产品定价过程中，价格并非越低价越好，要从长远利益出发，兼顾多方利益：对于消费者，不能追求低价而忽略产品质量；对于商家，不能追求低价而不考虑成本；对于直播团队，也不能一味地为粉丝追求低价而忽略长期合作商家的利益。只有共赢的买卖才能做得更长久。

3.2.4　直播间的转化策略

课堂讨论

你在日常看直播过程中，遇到过主播的哪些能促使你下定购买决心的方法和技巧，并说说原因。

直播间的转化策略是指通过调整价格、活动促销等方式将直播间的流量转化为成交的策略。在直播间，要想让用户成为愿意为自己买单的用户，需要站在用户的角度策划整场直播，让用户不仅能感受到被关注，也能从中获得利益。

1. 设计多样化的互动

在直播间，除了关注、点赞、评论、收藏和转发这些最基础的互动外，还有很多其他互动功能，如抽奖活动、游戏互动等都可以用来与用户进行趣味互动，提高用户的参与感。以下四种互动玩法，可将互动形式巧妙融入直播中。

（1）互动问答。在直播间，主播可以提出问题或讨论的话题，引发用户的兴趣和参与，可以邀请用户通过弹幕或语音连线回答问题、分享观点，还可以设置一些问答型的小游戏或互动投票等，引导用户参与互动。

（2）抽奖或送礼。抽奖和送礼的形式是最容易激发用户参与互动的一种玩法，可以将这种玩法根据直播时长，配合直播间主推款和利润款的上架时间穿插在其中，以带动直播间的氛围，为购买转化做人气铺垫。

（3）创建互动环节。可以设置一些专门的互动环节来提高用户在直播间的参与度，如点赞大作战，即点赞量达到多少就送福利；再如弹幕狂欢，可以配合截图抽奖引导用户发指定内容的弹幕。让用户通过这样的方式参与到直播中，可以增加互动性和娱乐性。

（4）回应用户。在直播中尽量回应用户的评论、弹幕和提问等，及时给予用户反馈，一方面可以解答用户的问题或认同他们的观点，另一方面也能让他们感受到自己有被关注到。

2. 设置有吸引力的促单活动

用户会花时间观看直播，很大原因在于他们对直播间的某些产品感兴趣，有购买的意向，因此有吸引力的促单活动是促成交易的关键利器。除了要做好产品定价和产品组合外，以下三种促单方式可提高转化率。

（1）限时活动。设置时间限制，能起到催促用户的作用，如限时抢购、限时买赠、限时秒杀、限时优惠券等，都可以让用户感受到时间紧迫，犹豫的时间少了，就更容易下定决心购买，从而提高转化率。

（2）限量活动。限量购买可以给用户营造一种产品稀少的氛围，数量越少，越能刺激用户的购买欲望，也能满足用户追求个性化的心理需求，但要注意的是不是什么类型的产品都适合做限量活动，只有价格罕见实惠或限量版产品做限量活动才能真正发挥作用。

（3）直播间红包。直播间红包可以是不定时的红包雨，也可以是各种口令红包。直播间红包是可以直接在购买时叠加使用优惠券等的一种互动方式，它既能调动用户的活跃度，又能较好地提高购买转化率。

3. 设置成交后的专属福利

为提高直播间的购买转化率，还可以设置成交后的专属福利，如前 500 名成交的赠送礼品福利、成交单号参与抽奖等。让用户感受到独特的福利，可有效帮助促成订单，提升转化率。

4. 设置特殊权益

在直播间，给用户赠送特殊权益也是提高转化率的一种方式，如更长的退换货时间权益、专属客服服务权益、保障低价的权益、指定时间发货权益等都是客户容易接受的购物权益。这些特殊权益，能打消用户的顾虑，从而提高购买率。

3.2.5 直播间的暖场策略

新手主播在开播时经常会出现在直播间不知道该说什么，或只顾着介绍产品而忘记调节气氛，从而导致直播间冷场的现象，这很难留住用户。在直播间想要留住人，暖场很重要，因此主播需熟悉各种暖场技巧，在直播时才能自如地运用。

1. 及时的礼貌问候

在直播过程中，特别是刚开播时，会不停有用户进入直播间。当用户进入直播间时，主播在动作、表情和语气上都要让他们第一时间感受到主播的亲和力和热情。如果用户进来时看到主播脸上没有笑容，给人的第一印象不好，就很难停留。因此，主播的礼貌和热情是留住用户的第一步。

2. 多闲聊不冷场

直播时长一般都是 2 个小时起步，时间较长。新手主播容易出现没话说的情况，直播间一旦冷场，流失率就会高，所以主播需要学会闲聊。如有技巧地自说自话：热情地和进入直播间的用户打招呼，点名打招呼效果更佳；认真看评论，及时回答评论区中出现的问题等。再如学会讲故事：讲故事是很容易勾起用户兴趣的一种方式，能很好地引起用户的共鸣。新手主播在直播前应该结合直播产品充分准备好直播脚本和闲聊的内容，以保证在直播过程中不出现冷场的现象。

3. 塑造记忆点

主播可以设计一套只属于自己的话术，让用户听到这些话术就能想到你，听到对应的话术就知道主播要做什么了。比如主播为用户设定一个专属的称呼，就像听到"所有女生"大家就知道是哪个主播对自己用户的称呼了。主播给自己塑造一个记忆点，可以对用户产生心理暗示，容易让人记住。当主播再次强化这个记忆点时，用户自然就会跟着互动，这也会形成主播与用户之间的一种默契。

4. 真诚地送福利

送福利一直都是最有效的一种直播间暖场方式，在直播中的各个时段设置发红包、秒杀或抽奖等送福利环节，既能留住用户，又能提升直播间热度。例如，新粉专属红包、限时秒杀、分享抽奖等。虽说有些用户是冲着福利来的，但是对于新手主播来说，这个方法确实能在短期内提高粉丝量和互动率，直播间的场子热起来了，才能吸引更多用户跟风进来。

5. 准备有嗨点的音乐

音乐是烘托气氛的利器，在直播间也不例外，而有嗨点的音乐能在恰当的时候调动直播间的氛围，为直播间暖场。这种音乐可以是一些带动气氛的音效，让用户觉得直播间很热闹；也可以是根据用户喜好而选择的歌曲，通过音乐引起用户的共鸣。

课堂活动

请根据以上所学的暖场技巧以及你对直播话术的认知，为主播设计暖场话术；结合互联网资源，查找优秀的暖场案例，分析其中的暖场技巧，并说说该主播的应用好在哪里。

点亮智慧

直播营销的火爆，主要原因在于其营销价值的充分挖掘。正是因为直播在营销方面的潜力，直播营销才成为新时代营销战略之一。通过任务 3 的学习，我们知晓了直播营销的优势，明确了各个主流平台的现状和各自的优势。学习直播营销的策略，更是让我们懂得了在直播前如何选品、产品要如何定价，在直播中应如何提高转化、如何暖场等。

小试牛刀

根据直播营销的相关知识，请以小组为单位（3～4 人一组），完成以下探究活动。

D 公司是一家视频营销策划企业，为迎接"年终"大促，帮助四会市推广四会砂糖橘，需通过直播开展营销推广，将潜在用户变现。

活动一：请明确小组内每一位同学的分工，确定主播和助播，为四会砂糖橘策划一场年终大促的直播，确定好主题、砂糖橘定价，选取其他合适的农产品，丰富直播产品，提前写好直播脚本，为直播做好充分的准备

活动二：请小组内的主播和助播开一场简单的直播，组内其他同学根据活动一的分工，做好辅助工作。

匠心荟萃

在项目 5 的学习中，我们共同学习了短视频营销的类型及主流平台、长视频营销平台的运营模式以及直播营销的优势和主流平台。在掌握了基础理论的同时，也探究了短视频营销的创意玩法，学习了如何进行短视频营销定位、如何进行养号和基本运营、如何策划短视频营销的内容、如何拍摄短视频并剪辑以及如何发布短视频，掌握了长视频营销的技巧，还深入学习了直播营销的策略。在任务实践中培养了创新意识，培养了敢于实践的动手能力。在岗位模拟和实践中，培养了爱岗敬业的职业精神及互帮互助的团队协作精神。在项目任务剖析和实践中，践行党的二十大精神，增强了民族自信心和自豪感，为成为一名富有爱国爱岗情怀的视频营销人才奠定基础。

请结合本项目学习表现，完成下述学习评价：

学习目标	内容	优	良	中	差
知识目标	1. 能罗列短视频营销的类型				
	2. 能描述长视频营销平台的运营模式				
	3. 能说出直播营销的优势及主流平台				
技能目标	1. 能够完成短视频平台账号定位、养号与设置				
	2. 能根据所学短视频营销的创意玩法开展短视频营销运营				
	3. 能够灵活使用长视频营销技巧开展营销活动				
	4. 能巧妙运用直播营销策略开展直播营销活动				
素养目标	1. 培养创新意识，培养敢于实践的动手能力				
	2. 培养爱岗敬业的职业精神及互帮互助的团队协作精神				
	3. 践行党的二十大精神，增强民族自信心和自豪感				
学习总结与收获					

巧思妙练

【单选题】

1. 以下哪个平台正在转型做中长视频？（　　）
   A. 抖音　　　　　　B. 快手　　　　　　C. 美拍　　　　　　D. 西瓜视频

2. 目前，用户量居榜首的短视频平台是（　　）。
   A. 抖音　　　　　　B. 快手　　　　　　C. 美拍　　　　　　D. 西瓜视频

3. 如果小明想通过短视频宣传自己的奶茶店，你会建议他选择哪种短视频类型？（　　）
   A. 搞笑类　　　　　B. 攻略类　　　　　C. 探店类　　　　　D. 展示类

4. 借助京东平台，以下哪个是京东直播的营销优势？（　　）
   A. 价格低廉　　　　B. 专业互动　　　　C. 品质化　　　　　D. 形态多样

5. 以下哪个不适用于直播间暖场？（　　）
   A. 礼貌问候　　　　B. 响应慢　　　　　C. 多闲聊　　　　　D. 音乐

【多选题】

1. 短视频内容表现形式主要有哪些？（　　）
   A. 实物出镜形式　　B. 动画形式　　　　C. 图文形式　　　　D. Vlog

2. 以下属于长视频营销平台的运营模式是？（　　）
   A. 视频广告　　　　B. 视频会员服务　　C. 视频版权　　　　D. 网络自制内容

3. 电商式的直播平台有哪些？（　　）
   A. 抖音直播　　　　B. 淘宝直播　　　　C. 快手直播　　　　D. 京东直播

4. 适合直播营销的产品众多，可以分为（　　）。
   A. 引流款产品　　　B. 爆款产品　　　　C. 主推款产品　　　D. 利润款产品

5. 直播营销的优势包含哪些？（　　）
   A. 更个性的信息传递　　　　　　　　　B. 更快捷的场景导入
   C. 更真实的商品感知　　　　　　　　　D. 更直接的营销反馈

【简答题】

1. 短视频营销账号主要进行哪些方面的定位？有哪些定位方法？
2. 短视频内容结构设计包含哪些方面？
3. 坚持做好优质视频内容原创，应从哪几个方面着手？
4. 直播营销的优势有哪些？
5. 直播间产品定价有哪些技巧？

【综合实训题】

以小组为单位，分工合作完成视频营销策划及实施，具体要求如下。

任务背景：

D公司是一家视频营销策划企业，为迎接"年终"大促，帮助四会市推广四会砂糖橘，需通过视频开展营销推广，提高该农产品的知名度。

实训任务：

确定视频营销主题，制订营销计划，设计营销方案，填写下表：

序号	项目	简要策划内容
1	视频营销主题： 结合四会砂糖橘及"年终大促"	
2	营销计划： 时间范围在 12 月 28 日—次年 1 月 20 日	
3	营销方案： 要求在短视频、长视频和直播中至少选择 1 种形式 开展营销活动	

其他新媒体营销：高速发展方兴未艾

学习目标

● 知识目标

1. 能说出社群营销的概念；
2. 能说出 App 营销的特点；
3. 能罗列 H5 营销的应用场景。

● 技能目标

1. 掌握组建社群的方法，明确社群营销的具体步骤；
2. 能够准确把握社群营销技巧，并进行社群管理及营销；
3. 能够选择合适的 App 营销模式开展营销活动；
4. 能够灵活使用 H5 营销策略合理规划营销活动。

● 素养目标

1. 正确认识社群营销、App 营销、H5 营销的价值；
2. 敢于创新，培养网络经济时代的社群营销、App 营销、H5 营销思维；
3. 养成严谨细致的职业素养，乐于分工合作完成任务。

知识框架图

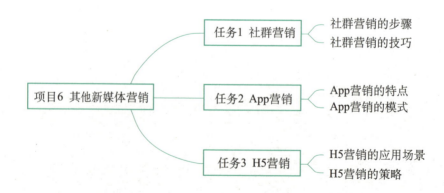

📋 项目导入 ▐▌

在新媒体蓬勃发展的时代，任何个体都可以开通新媒体账号，分享自己的知识、观点以及经验，吸引理念相同的用户，积累"粉丝"数，打造个人IP，并借助新媒体开展营销，实现流量变现，创造自己的价值。

新媒体营销是时下主流的营销方式之一，除微博营销、微信营销、视频营销外，社群营销、App营销、H5营销也是个人或企业进行新媒体营销的主要选择。

📋 课堂讨论 ▐▌

1. 你体验过哪些新媒体？新媒体改变了你的哪些生活方式？
2. 你知道或者接触过哪些新媒体营销？请简单说说。

📋 典型工作任务 ▐▌

◎ 职业情境

A公司主营业务是研发及销售国产护肤品，为迎接"A公司新年美妆秀"大促，A公司希望通过新媒体营销扩大宣传效果，预热"A公司新年美妆秀"促销活动，刺激销量。

◎ 任务分析

结合"A公司新年美妆秀"的背景，紧扣国货护肤品，在明确新媒体营销形式的基础上，掌握其技巧，并挑选合适的新媒体营销方式开展活动。

◎ 素养园地

A公司是国货护肤品品牌，深刻挖掘产品内涵与卖点，有助于培养国货品牌情怀，厚植爱国情怀，增强国货意识和文化认同，树立民族自豪感和自信心。借助新媒体开展营销活动，有利于培养新媒体营销思维，养成敢于创新的职业素养。

◎ 头脑风暴

你将如何开展任务探究，以便更好地完成新媒体营销的工作任务？

▶ 任务1　社群营销

◎ 知识直通车

互联网发展到今天，经历了高速发展期，同时也迎来了上升瓶颈期，如今面临不断消失的流量红利，社群营销、社群经济、社群生态等成了当下行业内出现频率较高的新名词。社群营销是数字经济时代平台开发客户、成交客户、建立团队的重要渠道，更是个人或企业不可或缺的营销方式。

1.1 社群营销的步骤

课堂讨论

1. 你理解的社群是什么？为什么社群能用于新媒体营销？
2. 你加入过社群吗？如果有，是什么原因加入该社群的？这个社群现状如何？

1.1.1 认识社群营销

社群营销是在社区营销和社会化媒体营销基础上发展起来的用户连接及交流更为紧密的网络营销方式。

概括来说，就是利用某种载体聚集人气，通过产品和服务满足具有共同兴趣爱好群体的需求而产生的商业形态。所谓的载体，就是各种平台，如微信、微博、论坛、贴吧，甚至是线下的社区，都是社群营销的载体，如图 6-1 所示。

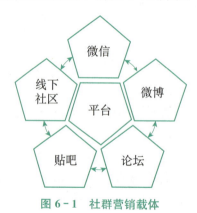

图 6-1 社群营销载体

1.1.2 社群营销的七个步骤

互联网时代造就了很多全新的产业，其中社群经济便是其中一颗耀眼的星星。社群营销是互联网背景下转化、裂变的营销手法，社群用户的特性、黏性、活跃性、裂变性将成为社群经济最重要的影响因素，那么该如何做好社群营销呢？下面给大家分享做好社群营销的七个步骤。

1. 精准用户画像，建立社群

市场营销的核心要素是引导和满足用户的需求，用户需求要分析的是目标群体的特性，营销专业术语即用户画像。用户画像是指根据用户的属性、偏好、生活习惯和行为等信息而抽象出来的标签化用户模型。站在用户的角度问自己："市场上有那么多社群，我为什么要加入你的社群？"，即思考能给用户提供什么。

根据不同的类型设立不同的标签，找到精准用户，基于一个点、兴趣和需求将大家聚合在一起组成社群，如问答求助、分享知识、维系关系、寻找共鸣、共同认可的目标和价值观等，如图 6-2 所示。

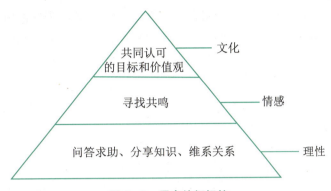

图 6-2　用户特征标签

2. 社群结构设计

社群结构决定着社群的存活。一般一个社群的组织架构由三部分组成：管理员、核心用户和普通用户。管理员的存在代表着一种法则，管理群成员，规范群内容发布的条例等，从源头上让社群井然有序地成长、发展。核心用户是社群内的正向积极分子，有一定的影响力，可以作为推动普通用户转化的催化剂。

3. 拉群

社群需要通过基础流量和裂变流量把相同用户画像的人聚在一起，在具体的拉群过程中必须遵守某种规则，比如地域规则、年龄段规则等，只有这样拉起来的社群才更容易管理。例如：生鲜团购送货上门，就有一定的地域限制，可以按小区划分群员，把同一个小区的群员拉到同一个群里。

4. 社群促活

促活就是让群成员活跃起来，只有活跃起来才能产生用户黏性，才会有转化。具体促活方法如下：

（1）新媒体运营、活动营销策划专场分享，每年不少于 5 次。

（2）邀请百万粉丝大咖分享，每年不少于 3 位。

（3）每年拜访 10～20 位不同领域行家，独家访谈，内部分享。

（4）杜绝广告，每天更新主题研讨，剖析案例，洞悉内幕。

（5）群内自媒体互推，同行交友，结交高质量朋友圈。

5. 社群造势

介绍自己服务的内容，引发关注，激发用户情绪，制造感性购买场景，为即将要做的社群促销做准备。例如：买车是理性消费，而买衣服是感性购买，往往需要情绪刺激。

6. 社群促销

社群营销是非常看重口碑的，如果你的产品和服务好，社群成员愉悦感就强，那么

新媒体营销

通过传播、扩散，会形成巨大的社群能量。适当地举办一些促销活动，能让社群成员产生高度的愉悦感，社群才能长久生存，形成黏性，导致裂变，最终获取商业价值。

7. 社群裂变

仅从口碑营销的角度思考，企业品牌和消费者的关系能通过社群由弱变强，未来也许大家不再相信演员代言的广告，而是相信某个领域意见领袖的推荐和朋友的分享。

小米早期的发烧友文化是社群的雏形，先找到 100 个铁杆米粉，经过铁杆米粉的不断裂变，最终影响到的粉丝量是 17 万。

案例：小米社群营销

小米的快速崛起离不开社群营销，小米在社群营销上的做法，主要包括以下三个方面：

1. 聚集粉丝

小米主要通过三种方式聚集粉丝：利用微博获取新用户；利用论坛维护用户活跃度；利用微信做客服。其中重点利用的是论坛，小米发掘出用户对手机研究的热情，并引导粉丝在论坛中尽情交流，分享知识。

2. 增强参与感

米粉在小米社区可以讨论小米产品，参与趣味话题，交流玩机心得，第一时间测评体验小米新品，与小米开发组人员面对面交流，还能参与小米官方活动，和更多米粉一起玩，增强参与感。

3. 增强自我认同感

小米是一家拥有"粉丝文化"的高科技公司，为感谢米粉的一路陪伴，小米将 4 月 6 日定为"米粉节"，每年 4 月初都会举办米粉狂欢盛大活动。如通过爆米花论坛、米粉节、同城会等活动，让用户固化"我是主角"的感受。

想一想，练一练：

1. "小米"的社群营销有哪些方面做得好？

2. 你认为社群要为用户提供怎样的信息或服务才能吸引更多的用户，从而扩大营销效果？

1.2 社群营销的技巧

社群营销需要一定的技巧，常见的社群营销技巧包括社群分享、社群交流、社群打卡、社群红包、社群奖励和线下活动。下面针对这几种情况进行详细介绍。

课堂讨论

1. 你所在的社群里每天粉丝活跃度如何？他们是如何活跃起来的？请分享给小组

成员。

2. 你所在的社群黏性高吗？为什么？

1.2.1　社群分享

社群分享是指分享者向群成员分享干货或其他有价值的知识，是提高社群活跃度最有效的方式。要想成功进行社群分享，需要考虑以下几个环节，如图6-3所示。

图6-3　社群分享环节

1. 提前准备

要求分享者就话题提前准备素材，并特别强调分享者应该分享对大家有启发的内容，如专业知识或经验。

2. 反复通知

确定好分享时间要提前在群里多发布几次提醒消息，提醒群成员按时参加，否则很多人会因为工作而选择屏蔽消息，错过活动通知。如果活动特别重要，可以群发或者私聊通知。

3. 强调规则

在分享正式开始前，主持人需要提醒群成员遵守规则，如不能在分享者分享过程中发送或分享与主题无关的信息。如果是QQ群，主持人可以在发布分享规则时，开启临时禁言功能，避免刷屏，以免分享规则被刷走。

4. 提前暖场

正式分享前要取消群禁言，主动说一些轻松愉悦的话题，引导大家上线，营造友好的交流氛围。

5. 介绍嘉宾

分享者出场前，主持人需要介绍分享者，讲述分享者的资历或者特长等，引导大家进入正式倾听环节。

6. 诱导互动

分享者或者主持人提前准备好互动诱导点，在合适的时机抛出，防止冷场，还可以设置一些互动环节，鼓励群成员积极参与互动。

7. 随时控场

如果在分享过程中有人干扰，或者提出与主题无关的内容，主持人要私聊提醒，引导他们遵守分享秩序。

8. 收尾总结

分享结束后，引导大家做分享总结，鼓励群成员在微博、微信朋友圈分享自己的心得体会。这种分享是互联网社群运营的关键，同时也是口碑扩散的关键，社群的影响力将会扩散到群成员的社交圈。

9. 提供福利

在分享结束后，不仅要对全体成员表示感谢，还要对分享过程中表现优秀的群成员给予奖励，如赠送各种小福利，提高群成员下次参与分享的积极性。

10. 打造品牌

分享活动结束后，运营者及时对分享的内容进行整理，并将其分享到微博、微信公众号等新媒体平台上，形成品牌势能，扩大品牌影响。

1.2.2 社群交流

社群交流是指挑选一个有价值的话题，发动社群成员共同参与讨论，通常能得到高质量的答案和输出。与社群分享一样，在进行社群交流前，也需要经过专业的组织和准备。

1. 交流策划

在进行交流前，必须考虑好参与交流的人、交流的话题以及话题组织者、主持人、控场人员等角色。交流的话题影响着讨论的效果，通常应选择简单、气氛轻松、有热度、有情景、与社群相关的话题；而合理地分配角色则可以保证社群交流的秩序和氛围，使活动顺利进行，圆满结束。

2. 预告暖场

社群交流前，可以设置预告环节，将活动相关信息展示给社群成员，如主题、时间、人物等，吸引更多社群成员参与交流。还可以设置暖场环节，调动社群成员的积极性，营造良好的交流氛围。

3. 交流过程

一般来说，社群交流只需要按照预先设计的流程进行即可，包括开场白、交流、过程控制、其他互动和结尾等。但需要注意的是，当交流过程中出现偏离交流主题甚至是无意义刷屏内容时，应该及时将话题拉回主题，控制场面，并对捣乱的社群成员予以警告。

4. 交流结束

在社群交流活动结束后，主持人或组织者需要对活动进行总结，如果本次社群交流非常热烈和成功，原因是什么？如果本次社群交流很冷清，原因是什么？如何改进？通过总结，组织者可以看到本次交流的优势和不足，为下次社群交流积累丰富的经验。

1.2.3 社群打卡

打卡是社群促活的一种常见的活动形式，可以保证社群内每天的活跃度，但是很多打卡活动的效果都不太理想。如何策划一款成功的社群打卡活动？如何让更多的社群成员参与其中？如何尽可能地延长成员的打卡时间？下面为大家详细拆解社群打卡的每一步流程，如图6-4所示。

图6-4　社群打卡流程图

1. 敲定活动流程

社群打卡整个活动的流程如图6-5所示。

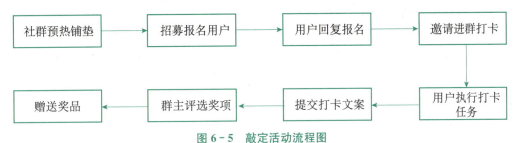

图6-5　敲定活动流程图

决定用户是否参与打卡活动有两个关键因素：

（1）打卡周期长度。

打卡周期的设置不可以过于长也不能过于短，一般是7～30天比较合理，周期太短达不到活跃效果，周期太长用户容易产生疲倦心理。打卡周期设置和具体的打卡频率有关，如果每天打卡，那么建议设置短周期，比如7天。

（2）参与活动门槛。

打卡活动需要设置一定的门槛，例如：阅读10分钟，才可以参与打卡活动。一方面是用于筛选精准用户，另一方面是通过用户投入的沉没成本来调动打卡的积极性。

2. 打卡设置

打卡设置的黄金法则，如图6-6所示。

第一条法则：首次打卡需简单易懂。

第一次参与打卡的用户数绝对是最高的，因为从用户心理来分析，首次打卡新鲜感最强，接下来的参与积极性肯定是逐步递减的。因此，第一天打卡是最重要的一次打卡，一定要设置得非常简单，而且要确保每个人都知道这个打卡活动，尽量让用户参与进来，好的开始是成功的一半。

第二条法则：提前做好用户"疲倦期"的准备。

假如一个持续半个月的打卡活动，往往到第五天就开始出现疲倦期，用户要么是忘了，要么是失去了新鲜感，总之会出现不断有人中断打卡的现象。此时，运营者应该进

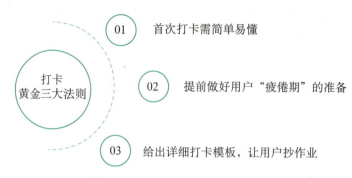

图 6-6　打卡设置的三个黄金法则

一步去激励用户再次投入活动中。

例如：在第 5 天晚上策划一个抽奖活动，只限当天已打卡的用户参与。提前预知用户"疲倦期"，然后增加物质激励，发掘优秀的打卡榜样，邀请表现优秀用户分享自己的经验等，可以极大地激励用户持续打卡。

第三条法则：给出详细打卡模板，让用户抄作业。

每次打卡都给出一个详细的打卡示范，比如要求用户每天提交普通话口语练习作品，运营者可以提供一段以"姓名＋日期＋普通话口语练习作品"的打卡模板，用户照着发就可以了。这样能极大减少用户思考时间，降低参与门槛，同时还能规避一些用户为了拿全勤奖，随意打卡，滥竽充数。

3. 设计活动物料

活动物料包括以下两种形式。

（1）纯文字版。使用文字的形式方便叙述细节，同时可以将打卡活动设置为社群规则，这样有利于群成员知晓打卡活动的细节。

（2）活动海报。设计打卡活动海报图，并发送到社群，让用户一目了然，同时方便群成员转发朋友圈。

4. 选择活动奖项

一般情况下，活动奖项设置有两个维度：一个按照打卡天数，比如全勤奖、打卡 1 天奖、10 天奖等；另一个按照打卡质量，如优秀打卡奖等。

（1）全勤奖。

设计目的：激励大家积极参与，同时给全程支持和陪伴的用户一些鼓励。

门槛：规定全部完成打卡天数，且打卡内容符合规范。

奖项：可设置优惠券、返现、礼品等。

（2）优秀打卡奖。

设计目的：筛选优质打卡用户，其实是筛选榜样，激励其他用户认真打卡，同时能吸引未参与活动的人围观，有利于活动的传播。

门槛：某条打卡内容非常走心，甚至大大超出官方预期效果，引起很多用户讨论。

奖项：建议是稍微贵重的实物，或者是实物＋荣誉证书等。

5. 运营打卡社群

打卡活动的社群运营主要分为三个部分：宣传招募、社群运维、活动结束后群处理。

（1）宣传招募，如图 6-7 所示。

图 6-7　打卡活动宣传招募

1）提前在社群预热，做好话题的铺垫。例如：群主先说话："最近很多家长反映囤了很多书，孩子却很难坚持阅读，我想要不要发起一场打卡活动，让大家一起记录亲子阅读时光，一起监督，一起打气。大家觉得怎么样？"再在群里发一个小红包。

2）群内安插几个活跃分子附和群主。群主鼓动一下："还有人感兴趣吗？冒个泡嘛。"

3）随着感兴趣的人越来越多，群主顺势接话。"既然这么多人感兴趣，要不我们下周一就开始试试？"

4）发起群接龙报名。群主："感兴趣的家长可以接龙报名，近期邀请进打卡群。"

（2）社群运维。

活动开始后，可以专门建立一个打卡活动群。打卡群的运营主要体现在三个层面，如图 6-8 所示。

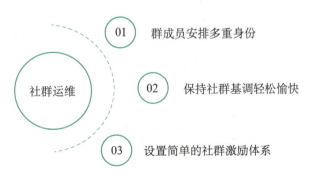

图 6-8　打卡群运营的三个层面

1）群成员安排多重身份。群成员设置要安排多重身份，如活跃分子、意见领袖等。例如：200 人的社群，设置活跃分子 5 个，意见领袖 3 个左右。

2）保持社群基调轻松愉快。这里的关键点是群主保持轻松的心态，说话活泼俏皮一些，这样用户在群里说话没有太大压力，自然更愿意"冒泡"。

3）设置简单的社群激励体系。除了开始设定的打卡奖励，群内还需要设置多种激励方式，这个至关重要，如表 6-1 所示。

表 6-1　社群激励体系

激励层级	运营运作内容	目的
第一层级	每天评选前一天的 8 份优秀打卡	激发荣誉感
第二层级	第四天打卡送 1 份知识培训课程	抵抗疲倦期
第三层级	活动中期评选 3 名积极优秀奖	制造超预期惊喜体验
第四层级	发掘并打造新的意见领袖	榜样的影响力
第五层级	活动末期评选奖项	仪式感

以上激励设置逻辑是以时间线为基础，最基本的是要保证活动有一个高潮和一个好的收尾。比如第三层级评选 3 名积极优秀奖，这是群主事先没有提到的奖励，是空降的惊喜，用户就会产生超预期的体验，达到活动高潮。

圆满的收尾是指活动末期评奖，要给群成员充分的荣誉感和仪式感。例如，举办一个小小的颁奖仪式，为群成员奉上好看的电子奖状。

（3）活动结束后群处理。

活动结束后，群是否需要解散？如果觉得精力不够，怕广告多，可以解散，如果精力足够，就不用解散，偶尔有其他活动或者重要事情，可以发群公告再促活一波。另外，群主要重点关注打卡活动中涌现的积极用户、优质打卡用户等，并与他们保持联系，他们是以后重点转化的对象。

课堂讨论

请思考社群打卡还有哪些好的举措，并分享给小组成员。

1.2.4　社群红包

提升社群活跃度的方法有很多种，如玩游戏、猜谜语等，但最简单有效的方法就是发社群红包。下面一起来看看社群红包的五种玩法。

1. 欢迎红包

正常情况下，新成员入群的欢迎红包由群主来发，当然，也可以要求进群的会员发，会员发红包对其自身也是有好处的，会让大家更加关注他。

2. 签到红包

社群需要经营和维护，群主可以每天发签到红包，起到主动唤醒社群成员的作用。每天的签到红包可以分为早安红包和晚安红包，每次发红包金额不用太多，一元钱就够了。红包数量也不是越多越好，越是人人有份的东西，大家反而不在意，而限额限量的红包，更能起到吸引的作用。

3. 节日红包

每逢重大节日的时候，需要在社群里发红包，节日红包不仅烘托节日氛围，也是为了做好社群关怀。不同的节日，对于红包的金额、数量、方式要求也不同。

（1）时令节气。

如果是日常的劳动节、儿童节、中秋节等，稍微表示一下即可，可以起到提醒成员的作用。

（2）品牌节日。

许多品牌社群有会员日、店庆日、粉丝节这类品牌性的节日。这类节日发红包，除了引导交易，更重要的是持续维护品牌在社群粉丝中的良好形象。

4. 生日红包

生日红包在社群里能起到很好的运营作用，特别在一些微商、电商团队里，它能让群成员更有凝聚力。生日红包配合着歌曲和其他的祝福内容，凸显社群的温度，让人感觉温暖，使社群更具人情味。

5. 邀请红包

如果你希望有更多的人加入社群，希望群成员能帮你一起拓展群成员，那么你就可以设置邀请红包，这里主要讲以下两种邀请红包。

达到指定人数，例如，社群人数每增加 10 人发一次红包，或者社群规模达到 100、200、300 人的时候发不同金额的红包，如图 6-9 所示。这是针对全体社群成员的福利，一人入群，红包人人有份。这种玩法，黏性较高的社群会让社群成员产生邀请新成员的动力。

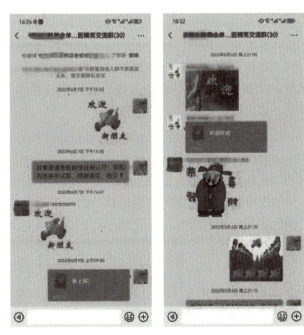

图 6-9　邀请红包

直接邀请奖励是针对个人的邀请表现进行的奖励，最好在社群里面发红包，这样能极大地刺激那些想赚钱却没有付出实际行动的群成员。这种红包更体现公平性，是非常有效的激励手段。

在社群内发红包，本质上就是投入和产出的关系。不要认为发红包是只出不进的生意，发红包是要看最终效果的。例如，社群的活跃度、用户的参与度高，转化率高，产出高，就可以持续发红包。要学会舍得发红包，越舍越得，红包能提高社群的价值。

发红包需要注意时间，一般不建议早上发红包，因为大部分群成员领完红包马上进入工作状态，没有时间参与互动。发红包的最佳时间是晚上 8:00—9:00 或节假日，群成员的参与度比较高。

1.2.5 社群奖励

一个好的社群离不开社群奖励，合理的、有吸引力的社群奖励在激励老成员的同时，也能吸引更多的新成员，做到既能回馈做出贡献的老用户，又能宣传营销自己的社群，起到事半功倍的效果。

那么怎样才能设计出有效的社群奖励呢？一般来说奖励可以分为四类。

1. 免费课程

伴随着知识付费的兴起，人人都渴望成长、进步。因此，为了让社群成员快速地成长，可以免费赠送各种付费订阅的知识产品、培训课程。

2. 物质奖励

物质奖励包含实物礼品和现金红包，如图 6-10 所示，是最简单、最直接体现价值的社群福利。运营者可以考虑定制一些具有社群个性化特色的代表性物品，既可以加深用户与社群之间的感情，又能强化品牌的理念，或者也可以直接采用发放红包的形式。有时候一点点物质奖励，就可以换来用户对社群的忠诚。

3. 积分奖励

社群激励方式不一定要实际的物品或者金钱，也可以打造一套社群规则，如积分规则、优惠券等，如图 6-11 所示。例如：知识付费社群可以采用打卡方式，根据用户打卡参与程度，给予不同的积分。积分达标可以退回部分费用或者兑换其他付费课程、商品等，运营者可以定期公布积分排名情况，以鼓励用户在竞争气氛下通过参与活动获得更多积分。

4. 荣誉奖励

社群需要搭建一个完整的架构体系，因此，在社群中设置一些特别、有趣的头衔，这也是提高社群活跃度的一个途径。例如，知识学习群可以设置"名班主任""辅导老师""学习积极分子"等各司其职的头衔，并给他们颁发虚拟的荣誉证书，这种荣誉奖励是提高社群活跃度的好方法。

课堂讨论

请思考社群奖励还可以有哪些形式，并分享给小组成员。

图 6-10　物质奖励的形式

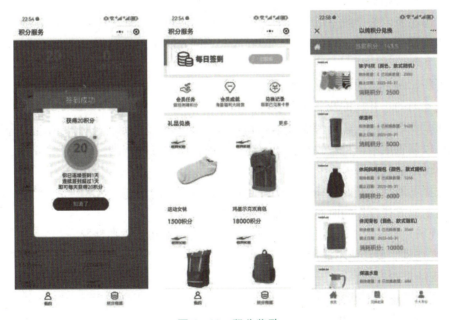

图 6-11　积分奖励

1.2.6　线下活动

　　线上聊千次，不如线下见一面。社群运营，就是要让粉丝之间产生更多链接。链接越深入，粉丝越有归属感，运营就越成功。然而很多社群运营者不重视线下社群活动，导致社群粉丝之间没有机会产生更深度的链接，社群没有活力。那怎样才能成功策划一场人气满满、高质量的线下社群活动呢？

1. 活动筹备期

（1）大咖邀请海报。

在举办社群线下活动时，运营者通常会邀请大咖导师分享，因此需要制作一张导师邀请海报。在邀请导师前，要注意一点：因为大咖的时间安排通常比较紧张，建议至少提前1个月就发送导师分享海报，提前与导师约好分享时间。

（2）活动海报。

一张吸睛的活动分享海报对整个线下活动来说至关重要。这张海报至少要包含活动主题、分享大咖、活动内容、活动时间、活动地点、门票定价这六个方面的内容。

（3）活动文案。

一篇好的活动文案，可以吸引更多粉丝报名线下活动。

活动文案包含活动主题、导师介绍、你将收获、活动时间、活动地点、报名咨询、往期活动展示、合作机构等活动细节。活动文案的关键部分是"你将收获"部分，现在每个人的时间都很宝贵，要让用户体会到参加活动能收获巨大价值。

（4）活动预告。

活动预告一般会通过微信群、私信或群发等方式送达社群成员。

（5）志愿者招募。

有了志愿者，举办线下活动将如虎添翼，运营者可以与社群成员一起组织线下活动，这样可以增强用户黏性。可以使用"问卷星"等问卷收集工具进行志愿者招募。

（6）礼物。

社群粉丝能带走的礼物重点推荐贴纸、T恤。

现场互动的小礼物推荐书籍和零食。

如果是免费活动，还要考虑成本问题，可以找一些广告商合作开展活动。合作方提供赞助可以节省成本，粉丝收获礼物，还能帮助合作方宣传产品。

（7）场地确认。

在选择场地时，最好选择一个交通便利、环境适宜的场地。

在与场地方谈合作的时候，要关注一些细节：

1）现场是否有Wi-Fi，信号是否流畅，会不会影响线上直播情况？

2）麦克风、投影能不能用？

3）现场是否安静？

4）电源插座够不够？

5）空调能否正常使用？

6）场地是否提供免费食物？

7）场地是否有人员协助你们？

8）从正门开始，是否有指示牌？

9）该场地是否注册有微信、微博等，是否愿意替你们宣传推广活动。

（8）嘉宾确认。

在活动前，运营者要和嘉宾确认一些活动细节：

1）什么时候接嘉宾？

2）他们的微信或者微博账号是什么？

3）桌椅摆放是否有专属要求？

4）需要哪些特殊的活动物料？

（9）人员安排。

人员安排要明确分工，相互照应，并且最好留有 1~2 名机动人员作为协调。

同时也要思考下列工作人员是否已经安排好：

1）拍照人员。

2）实时在微信群互动的人员。

3）微博更新的人员。

4）组织签到的人员。

5）发礼物的人员。

6）传递话筒的人员。

7）主持人。

2. 活动执行

（1）主持。

在活动正式开始之前，要再次检查主持人的 PPT，确保没有问题。此外，主持人和分享嘉宾应进行衔接，要告知分享嘉宾什么时候会邀请他上场分享。

（2）自我介绍。

让现场的粉丝进行自我介绍，这是对接资源的一个环节。粉丝可以参照以下六个方面进行自我介绍：

1）我是谁？

2）我的目标是什么？

3）我从事的行业是什么？

4）我能提供什么？

5）我的需求是什么？

6）我想接触什么样的社群成员？

（3）导师分享。

有些场地按照时间计算，延时需要另外计费，此外，延时会导致用户提前离场，活动效果也不好。在活动进行中，要对时间进行把控，用电脑或平板给导师倒计时，并在最后 30 分钟、10 分钟、5 分钟，倒计时提醒导师。

（4）茶歇。

茶歇要提前一天准备好，可以准备一些当地的特色美食。一来可以缓解用户学习疲惫感，二来让用户在休息期间边吃边交流，营造一种舒适的氛围。

（5）深度沟通环节。

嘉宾分享结束后，还可以组织深度沟通环节，重新分配小组，促使组内人员深度沟通，或者条件允许的话，可以组织聚餐。

（6）摄影。

为了保留活动的记录，为后期宣传做准备，最好拍摄一些现场活动照片。

需要拍摄现场活动标志、演讲者和 PPT、提问者、签到场面、粉丝接受礼物、粉丝与演讲者交流和互换联络方式等内容。对重要的活动参与者，要拍人物特写，方便后期宣传。最好在中场休息期间，安排粉丝拍大合影。

3. 活动复盘

活动结束后，最重要的就是复盘，总结经验，为下次举办活动做准备。如何做复盘呢？

（1）回顾目标：活动总体目标是否达成？每个环节的目标是否达成？如课程满意度的目标、活动体验度的目标等。

（2）评估效果：粉丝满意度怎么样？活动流畅度怎么样？分享内容的实用性、趣味性怎么样？是否有需要改进的地方？

（3）分析原因：活动哪些地方没做好？原因是什么？

（4）总结经验：哪些内容可以放进日常活动清单中？下一次活动应该避免犯哪些错误？有哪些经验可以总结？

4. 可复用的活动经验

（1）准备尽量提前：活动准备期要提前，明确分工安排，避免演讲者准备不足、物料未能及时到达等问题。

（2）宣传要多渠道：除了在自己的平台上宣传外，要尽可能找到更多的合作方，共同招募参与者。

（3）建立预警机制：要尽可能考虑到活动的方方面面，对于有可能会出现的问题，一定要想好应对策略。

课堂讨论

请分享活动筹备的注意事项。

点亮智慧

移动互联网的崛起在给人们带来巨大便利的同时，也催生了全新的营销模式——社群营销，社群营销已经成为企业市场推广的标配，更是新媒体营销发展的趋势。通过任务 1 的学习，我们认识了社群营销，掌握了社群营销的步骤。为了更好地掌握社群营销，我们探究了社群营销的种种技巧，如营销人员可通过社群分享、社群交流、社群打卡、社群红包、社群奖励、社群线下活动等，提高社群成员积极性，活跃社群气氛，增加社群凝聚力，增强社群成员黏性，吸引社群成员不断为社群创造价值，达到初步认识社群营销的价值的目的，为成为一名合格的社群营销运营者做铺垫。

🎯 小试牛刀

根据社群营销的相关知识，请以小组为单位（3～4 人一组），完成以下探究活动。

A 公司主营业务是研发及销售国产护肤品，为迎接"A 公司新年美妆秀"大促，A 公司希望通过社群开展营销，扩大宣传效果，预热"A 公司新年美妆秀"促销活动，刺激销量。

活动一：请建立一个社群，聚集粉丝，社群名称为"A 公司新年美妆秀"，其他基本信息参考任务背景自定义；

活动二：请在"A 公司新年美妆秀"社群进行营销，灵活运用社群营销技巧，提高社群成员积极性，活跃社群气氛，增加社群凝聚力，如社群分享、社群打卡、社群红包等。

▶ 任务 2　App 营销

🎯 知识直通车

App 营销指的是应用程序的营销，通过对 App 的营销推广，让用户了解、下载、使用、分享，并且达到依赖和成交的目的。与传统移动媒体营销相比，App 营销拥有无可比拟的优势，很多企业开始以 App 为载体，推广品牌、挖掘新用户、开展营销。

2.1　App 营销的特点

随着移动互联网的快速发展，绝大多数的手机使用者都在使用手机看新闻、看视频、听音乐等，在此大背景下，App 营销的价值逐渐凸显。App 营销具有以下六个特点。

2.1.1　品牌建设

移动应用可以提高企业的品牌形象，让用户了解品牌，进而提升品牌实力。良好的品牌实力是企业的无形资产，为企业形成竞争优势。

2.1.2　精准营销

借助先进的数据库技术、网络通信技术等手段，App 营销可以保障与顾客的长期个性化沟通，使营销达到可度量、可调控等精准要求。手机应用程序是实用性很强工具，用户通过应用程序解决一些生活、学习、工作的问题，通过这种分类又可以锁定目标群体。

2.1.3　互动性强

App 的功能较多，用户除了可以满足普通的生活、娱乐需求外，还可以进行评论、分享等互动操作，因此，用户喜爱的格调和品位，容易被品牌——掌握，无形中加强了用户与企业之间的联系。

2.1.4 用户黏性高

App 具有很强的实用价值，可以让手机成为生活、学习、工作上的好帮手。App 营销的黏性在于一旦用户将应用下载到手机，应用中的各类任务和趣味性会吸引用户，形成用户黏性。

2.1.5 信息全面

App 移动应用能够全面地展现产品的信息，让用户在购买产品之前就已经感受到产品的魅力，减少对产品的抵触情绪，通过对产品信息的了解，刺激用户的购买欲望。

2.1.6 跨时空

营销的最终目的是占有市场份额。互联网具有超越时间约束和空间限制进行信息交换的特点，使得脱离时空限制达成交易成为可能，24 小时随时随地提供面向全球的营销服务。

📋 课堂讨论 ▌▌

1. 你的手机上安装了哪些 App 应用程序？
2. 这些 App 应用程序能给你带来哪些方便？

2.2 App 营销的模式

随着互联网的发展，对于传统企业来说，如何完成从传统营销到移动互联网营销的转型，是在未来市场竞争中立足的关键，而 App 营销是品牌与用户之间形成消费关系的重要渠道，也是连接线上线下的天然枢纽。那么，App 营销有哪些模式呢？

2.2.1 品牌 App 模式

大部分品牌都拥有自己的 App，品牌 App 受捧的原因有两点：一是能帮助企业深化品牌形象。二是形式多样，更多体现品牌特性。为企业量身定做的 App 更容易体现产品特性，对品牌有较好的宣传效果。

2.2.2 广告植入模式

植入广告是 App 运营中最基本的模式，广告主通过动态广告栏的形式植入广告，当用户点击广告栏会直接进入网站链接，进而了解广告详情或者是参与活动。此模式操作简易，能快速而有效地达到良好的传播效果，提高品牌知名度，能够形成强大的品牌渗透力，吸引更多的用户注册。

2.2.3 用户参与模式

企业发布自有品牌的 App，便于用户直观地了解企业或产品信息。这种营销模式具有很强的尝试价值，让用户得到更加贴心的体验。在用户了解产品的同时，提升了企业品牌形象，增强了产品抉择信念，提升了品牌美誉度。

2.2.4 购物网站植入模式

购物网站植入模式，是将传统互联网电商平台植入手机 App 中，方便用户随时随地浏览商品信息、下单购买以及订单跟踪。此模式相对于购物网站的优势是快速便捷、内容丰富，推动了传统电商企业从购物网站向移动互联网 App 渠道转型，是利用手机 App 进行线上和线下互动发展的必经之路。

2.2.5 内容营销模式

内容营销以图片、文字、动画等介质传达有关企业的相关内容给用户，促进销售，也就是通过合理的内容创建、发布及传播，向用户传递有价值的信息，从而实现网络营销的目的。内容营销可以帮助企业切实提高用户对品牌的忠诚度、黏性。App 内容营销的具体内容有：

（1）时效性内容。

时效性内容是在特定的某段时间内具有最高价值的内容，时效性内容越来越被营销者所重视，并且逐渐加以利用以使其效益最大化。一名合格的营销者必须合理把握以及利用该时间段，创造丰富的主题内容。

（2）即时性内容。

即时性内容充分展现当下所发生的事。当然，即时性内容在策略上一定要做到及时、有效，若发生的事有记录的价值，必须第一时间完成内容写作，因为第一时间报道和第二时间报道所带来的价值是不一样的。

（3）持续性内容。

持续性内容含金量不受时间变化而变化，无论在哪个时间段，内容都不受时效性限制。持续性内容作为内容策略中的中流砥柱，所带来的价值是连续持久性的。持续性内容作为丰富网站内容的主体内容，在众多不同类型的内容中占据一定份额。

（4）方案性内容。

方案性内容是指具有一定逻辑且符合营销策略的内容。方案的制定需要考虑很多因素，其中受众人群的定位、目标的把握、主题的确定、营销平台、预期效果等都必须在方案中有所体现。

◎ 点亮智慧

在不断深入发展的移动互联网时代，随着智能手机、平板电脑等移动终端设备普及率的大幅提升，用户的行为习惯逐渐改变，企业通过 App 开展营销活动成为一种趋势与必然。移动通信应用技术的发展及智能移动终端用户的激增，使移动通信网和互联网应用得以融合，其中展现出来的营销价值也让今天的企业家和营销员意识到借助 App 应用程序开展移动营销推广的最佳时机已经到来。通过任务 2 的学习，我们明确知道了 App 营销的特点，并掌握了 App 营销的模式。为了做好 App 营销，我们探究了 App 营销模式，从多方面学习如何让 App 营销变现，从而提升营销效果，在学习探究的过程中养成互联网经济时代的新媒体营销思维。

◎ 小试牛刀

根据 App 营销的相关知识，请以小组为单位（3～4 人一组），完成以下探究活动。

A 公司主营业务是研发及销售国产护肤品，为迎接"A 公司新年美妆秀"大促，A 公司希望通过 App 营销开展营销，扩大宣传效果，预热"A 公司新年美妆秀"促销活动，刺激销量。

活动一：选择一个自己喜欢的 App，分析该 App 的具体优势；

活动二：请结合 App 营销的模式，推广某 App，并在该 App 中植入"A 公司新年美妆秀"广告，其他内容可自定义。

▶ 任务 3　H5 营销

◎ 知识直通车

互联网技术的快速发展，带动了 H5 技术的广泛应用，而这种能够更加便捷地处理多媒体内容的技术，也越来越频繁地被应用于新媒体营销。直至今日，H5 已经成为众多企业进行新媒体营销的一大利器，其兼容性强、传播方便的特点也为新媒体营销带来了便利。

☑ 课堂讨论 ▐▌

1. 请分享一个能打动你并使你迫不及待想要分享至朋友圈的 H5 案例。
2. 请分享你认为设计得好的 H5，并说说这个 H5 的走心营销。

3.1　H5 营销的应用场景

扫一扫

微课 H5 营销
的应用场景

H5 因酷炫美观的效果，独特的个性，集趣味性、传播性和良好的互动性为一体的特点，深受广大网民的喜爱。从 2014 年起，广告圈陆续诞生出多款 PV（访问量）百万级的优秀作品。无论是品牌宣传，还是招聘广告，都希望以 H5 的形式展现出新颖、独特的效果。那么，H5 营销有哪些应用场景呢？

3.1.1　品牌传播

品牌传播型 H5 页面等同于一个品牌的微官网，更倾向于品牌形象塑造，渲染品牌情怀，向用户传达品牌的精神内涵。在设计上需要运用符合品牌气质的视觉语言，让用户对品牌留下深刻印象。

《首某先生的情书》

《首某先生的情书》讲述了一位男士从结婚生子到走上事业巅峰过程中的种种生活点滴和细节，让受众在细节中感知爱，最后引出宣传语。设计上采用黑白色调，烘托出回忆的氛围，简单的照片加文字，整个页面唯美、淡雅。《首某先生的情书》用 H5 打出了一副走心的情感牌，让用户记住了"半生只为你"的爱妻品牌形象，如图 6-12 所示。

图 6-12　某品牌传播 H5 页面

3.1.2　活动运营

活动运营型 H5 侧重于利用多种创意型活动组件，烘托出浓厚的活动氛围，提高用户的互动性与参与的趣味性。活动运营型 H5 常见的形式有：游戏、动感音乐相册、红包、节日贺卡等。

天天 P 图《我的军装照》

从《我的小学生证件照》到后来的《我的军装照》，天天 P 图创造出一个又一个的经典引爆朋友圈。用户上传自拍，利用人脸识别技术，就能获得自己的军装照。借助庆祝建军 90 周年的火热气氛，内容借势推出，以相册为载体，用时间长河的概念来升华建军 90 周年的主题。因为操作简单，社交互动性强，《我的军装照》成为建军节期间借势的一大亮点，如图 6-13 所示。

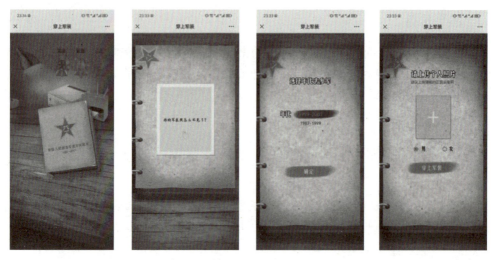

图 6-13　天天 P 图活动运营 H5 页面

3.1.3　企业招聘

企业招聘型 H5 页面通过精准、出圈的 H5 招聘页，既可以帮助企业招兵买马，又在无形中传播了企业品牌，宣传了企业形象，同时使招聘工作更加高效并具有趣味性。

滴滴出行

滴滴出行招聘 H5 页面采用了极简的设计风格，通过生动有趣的动画和幽默风趣的文案，展现了滴滴旨在吸引、培养和留住与滴滴共享理念的人才价值观和工作氛围，体现了企业的文化特色，如图 6-14 所示。

3.1.4　汇报总结

汇报总结型 H5 页面可以让枯燥乏味的汇报总结变得生动、有趣。

网易云音乐用户年度听歌报告

网易云音乐根据用户在云音乐一年的听歌记录，用客观且温情的文字描绘了一份别具特色的个人年度听歌报告，如听歌总数、年度歌单、年度歌手、听歌品位、哪首歌单曲循环的次数最多等，一点一滴，网易云全记在心里，而且用户可以在社交网络分享属于自己的"音乐标签"。设计上，每一页都有不同的听歌数据主题，每页的配图也都与主题相贴合，界面简洁，画风清新，背景音乐节奏欢快、旋律清澈，整体无论是视觉还是听觉都让人觉得非常舒服，如图 6-15 所示。

图 6 - 14 滴滴出行招聘 H5 页面

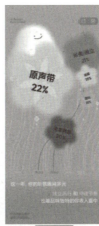

图 6 - 15 网易云音乐用户年度听歌报告 H5 页面

3.1.5 产品介绍

产品介绍型 H5 页面以产品本身特点为依据，放大产品特性，完成产品的形象塑造。

 **案例**

Mate 50 系列专属头像

Mate50 系列专属头像 H5 设计界面简约、精美，着重宣传机身的颜色和摄像头的造型。进入 H5 游戏，右划屏幕选择颜色，备选颜色是手机外形色，颜色背景上有四个小圆圈，简画出了摄像头的造型，用户输入自己的名字就可以生成专属头像，感受最新款颜色与样式带来的视觉惊艳，如图 6 - 16 所示。

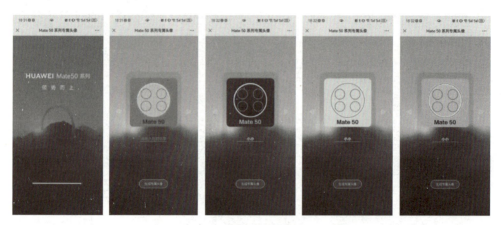

图 6-16　Mate 50 系列专属头像 H5 页面

3.1.6　商品营销

商品营销型 H5 页面通过任意方式设计，激发用户购买的欲望。

入职第一天，网易爸爸教我学做人

进入网易考拉海购 H5 页面，点击画面中的聊天气泡开始播放视频，视频结合了当下最流行的表情包、快闪文字、段子等元素，魔性而又有趣……视觉形式丰富多样。视频以第一人称的角度讲述主人公入职网易考拉海购第一天的各种遭遇，故事的代入感非常强。视频被疯狂传播，一度霸屏朋友圈，更是带动了网易考拉"黑五"期间的整体销量，如图 6-17 所示。

图 6-17　网易考拉海购 H5 页面

3.2　H5 营销的策略

H5 营销的流行催生了许多优质的 H5 页面，虽然很多 H5 页面设计得很好，但仍旧

无法引起大范围的传播。要想吸引用户点开 H5 页面，促成 H5 营销，还需要掌握一定的营销策略。

课堂讨论

1. 请分享你阅读过的有趣的 H5 营销页面。
2. 怎样的 H5 营销页面会让你更愿意停留欣赏？

3.2.1　内容新颖、创意新鲜

第一，内容上要做到有趣、好玩、实用、有价值、有视觉，另外还需要紧跟时事话题，利用热点效应，只有这样才能吸引用户的眼球，才能促使用户进行分享、传播，达到营销效果。第二，创意上一定要结合品牌特性，尽量做到视、听都要有新鲜感，追求创新，这样才能让人眼前一亮。

3.2.2　从用户角度深挖 H5 的价值点

一个好的 H5 一定具备打动用户的价值点，尤其是功能型 H5，由于具备一定的产品特性，就需要根据品牌的形象定位及受众的特性进行设计，要将品牌或产品的功能性特征抽象到生活方式或者精神追求的层次上。只有这样才能与用户产生共鸣，打动用户，提高用户的活跃度和忠诚度。

3.2.3　H5 的技术力显"高大上"

H5 营销要想脱颖而出，必须大胆应用其多媒体特性、三维图形制作及 3D 特效特性等功能属性，而不是仅仅体现触摸、滑动等传统幻灯片式的简单操作，其核心应用技术还是要"高大上"。

3.2.4　多渠道推广

充分调动可以利用的一切渠道资源，进行多种形式的推广，如微信公众号的图文群发推广、微信群推广、线下二维码推广等。另外，还可以策划开展多种线上线下活动，增强用户对品牌的倾向性。

点亮智慧

H5 的发展史可以看作新媒体营销发展史的缩影，它见证了新媒体营销的崛起，并在其中发挥着极其重要的作用。在任务 3 中总结出 H5 营销应用场景有品牌传播、活动运营、企业招聘、汇报总结、产品介绍、商品营销，并结合互联网数字经济时代的特点，探究了 H5 内容新颖、创意新鲜，深挖价值点，技术力显"高大上"，多渠道推广等营销策略。无论是营销力还是传播力，H5 都可以说是有着无限的可能。要明确 H5 在当今新媒体营销中的重要性，具备与社群、App、微信公众号、朋友圈及微信群形成系统的媒体营销思维，进一步培养敢于创新与严谨细致的职业意识、5G 时代的新媒体营销思维。

小试牛刀

根据 H5 营销的相关知识，请以小组为单位（3～4 人一组），完成以下探究活动。

A 公司主营业务是研发及销售国产护肤品，为迎接"A 公司新年美妆秀"大促，A 公司希望通过 H5 营销开展推广，扩大宣传效果，提高销量。

活动一：请运用品牌传播、活动运营、产品介绍或商品营销中的其中一个营销应用场景，帮助 A 公司护肤品制作一篇结合文字、图片、音乐、视频等元素的 H5 页面，表现形式可以丰富多样。

活动二：请简述活动一编写的 H5 页面主要应用了 H5 营销的哪个应用场景和设计思路。

匠心荟萃

在项目 6 的学习中，我们共同学习了社群营销技巧、App 营销的特点及 H5 营销的应用场景。在掌握了基础理论的同时，也探究了社群、App、H5 营销的相关核心技能，学习了组建社群的方法，明确社群营销的具体步骤，把握社群营销技巧进行社群管理及营销，还能够选择合适的 App 营销模式开展营销活动及灵活使用 H5 营销策略合理规划营销活动。在实操任务中养成乐于分工合作完成任务的团队精神，有效实现理实一体化。在学习的探究活动中，正确认识了社群、App、H5 的营销价值，养成既敢于创新又严谨细致的职业素养，培养网络经济时代的新媒体营销思维，为成为一名合格的新媒体营销运营人才奠定基础。

请结合本项目学习表现，完成下述学习评价：

学习目标	内容	优	良	中	差
知识目标	1. 能说出社群营销的概念				
	2. 能说出 App 营销的特点				
	3. 能罗列 H5 营销的应用场景				
技能目标	1. 掌握组建社群的方法，明确社群营销的具体步骤				
	2. 能够准确把握社群营销技巧，并进行社群管理及营销				
	3. 能够选择合适的 App 营销模式开展营销活动				
	4. 能够灵活使用 H5 营销策略合理规划营销活动				
素养目标	1. 正确认识社群营销、App 营销、H5 营销的价值				
	2. 敢于创新，培养网络经济时代的社群营销、App 营销、H5 营销思维				
	3. 养成严谨细致的职业素养，乐于分工合作完成任务				
学习总结与收获					

巧思妙练

【单选题】

1. 社群红包的类型不包括(　　)。

A. 大红包　　　B. 签到红包　　　C. 邀请红包　　　D. 节日红包

2. 一个打卡周期设置，一般来说(　　)比较合理。

A. 1～7 天　　　B. 7～15 天　　　C. 7～30 天　　　D. 15～30 天

3. 关于 App 营销的特点，下列说法错误的是(　　)。

A. App 营销可以达到可度量、可调控等精准要求，保持企业和客户的密切互动

B. App 的下载渠道单一，只能通过应用商店下载

C. 用户可以进行评论、分享等互动操作

D. App 能够全面地展现产品信息，能够刺激用户的购买欲望

4. 关于 H5 营销的应用场景，下列说法正确的是(　　)。

A. 品牌传播 H5 页面侧重于组合多种创意活动，进而烘托出浓厚的活动氛围，提高用户的互动性和参与的趣味性

B. 活动运营 H5 页面就是通过各种设计，激发用户的购买欲望

C. 商品营销 H5 页面一般以产品自身特点为依据，放大产品优势，完成产品的形象塑造

D. 企业招聘 H5 页面通常会通过简洁有趣的方式吸引求职者的视线，让求职者了解企业，增强企业的竞争力，使企业的招聘工作更加高效

5. 社群成立的前提是(　　)。

A. 同好　　　　B. 结构　　　　C. 运营　　　　D. 裂变

【多选题】

1. 社群分享包括哪些环节?(　　)

A. 主持人强调规则　　　　　　　B. 主持人介绍分享者

C. 主持人提议中场休息　　　　　D. 主持人提前暖场

2. 社群营销技巧包括哪些?(　　)

A. 社群分享　　B. 社群交流　　C. 社群打卡　　D. 社群红包

3. 关于红包互动，下列说法正确的包括(　　)。

A. 陌生人多的群，可以发大红包获取关注

B. 有喜讯、有好事、有重要通知，发红包吸引注意力

C. 邀请进群分享，分享完大家给分享者打赏，激励和感谢分享者，可以营造更好分享氛围

D. 红包无论大小，只要发了就会有积极效果

4. App 内容营销包括的具体内容有(　　)。

A. 即时性内容　　B. 方案性内容　　C. 持续性内容　　D. 时效性内容

5. 下列属于 H5 营销应用场景的是(　　)。

A. 产品介绍　　　B. 用户参与　　　C. 活动运营　　　D. 品牌传播

【简答题】

1. 做好社群营销的步骤有哪些？
2. 社群营销技巧有哪些？
3. 社群红包有哪 5 种类型？
4. 举办社群线下活动的流程有哪些？
5. App 营销模式有哪些？
6. 如何灵活使用 H5 营销应用场景开展营销活动？

【综合实训题】

以小组为单位，分工合作完成营销策划及实施，具体要求如下。

任务背景：

A 公司主营业务是研发及销售国产护肤品，为迎接"A 公司新年美妆秀"大促，A 公司希望通过新媒体营销扩大宣传效果，预热"A 公司新年美妆秀"促销活动，刺激销量。

实训任务：

确定营销主题，制订营销计划，设计营销方案，填写下表：

序号	项目	简要策划内容
1	营销主题： "A 公司新年美妆秀"	
2	营销计划： 时间范围在 12 月 15 日—12 月 31 日	
3	营销方案： 要求在社群、App、H5 中选择不少于 2 种形式开展营销活动	

参考文献

［1］林海．新媒体营销．2 版．北京：高等教育出版社，2021.

［2］曹芸，刘亚杰，王志强．新媒体营销．镇江：江苏大学出版社，2019.

［3］陈道志．新媒体营销策划与实施（慕课版）．北京：人民邮电出版社，2022.

［4］肖凭．新媒体营销实务．2 版．北京：中国人民大学出版社，2021.

［5］杜鹏，佟玲．新媒体营销（微课版）．北京：人民邮电出版社，2021.

［6］李东进．新媒体营销与运营．北京：人民邮电出版社，2022.

［7］王利冬，吴锐侠，谢甜．短视频营销与案例分析（慕课版）．北京：人民邮电出版社，2022.

图书在版编目（CIP）数据

新媒体营销/罗娜，朱洪主编 . -- 北京：中国人民大学出版社，2025.5. --（新编21世纪职业教育精品教材）. -- ISBN 978-7-300-33366-3

Ⅰ. F713.365.2

中国国家版本馆 CIP 数据核字第 2024XC5951 号

教育部中等职业教育专业技能课立项教材
新编 21 世纪职业教育精品教材・电子商务类
新媒体营销
主　编　罗　娜　朱　洪
副主编　李梅芬　李　幸　梁仙梅　黄春玲
Xinmeiti Yingxiao

出版发行	中国人民大学出版社		
社　　址	北京中关村大街 31 号	**邮政编码**	100080
电　　话	010 – 62511242（总编室）		010 – 62511770（质管部）
	010 – 82501766（邮购部）		010 – 62514148（门市部）
	010 – 62511173（发行公司）		010 – 62515275（盗版举报）
网　　址	http://www.crup.com.cn		
经　　销	新华书店		
印　　刷	北京市鑫霸印务有限公司		
开　　本	787 mm×1092 mm　1/16	**版　　次**	2025 年 5 月第 1 版
印　　张	12.75	**印　　次**	2025 年 5 月第 1 次印刷
字　　数	295 000	**定　　价**	39.00 元